いま、法学を知りたい君へ

――世界をひろげる13講

東京大学法学部
「現代と法」委員会 編

有斐閣

は し が き

　法学を学ぶと、どのような興味深い課題に出会い、かかわることができるのか。文系・理系を問わず、東京大学の学部 1 年生・2 年生を対象として、東京大学法学部の教員 13 名が講義をしました。本書は、そのような授業の記録です。

　学部 1 年生・2 年生だけでなく、法学部とはどのようなところなのかと関心を持った高校生、学ぶ意義を再確認しようとする学部 3 年生・4 年生や法科大学院の学生、他の分野を専門とする学生、アンテナをさらに磨こうとする職業人など、多くの皆様が手に取ってくださるならば、ありがたく存じます。どの講からでも、自在の順序でお読みください。

　13 講を 1 冊にまとめるにあたって、世界を揺るがす国際問題においても法が深く関係することを示す「ロシアのウクライナ侵略と国際法」を最初に置き、それに続いて、日本法など国ごとの法が主な舞台となる講を置いています。国ごとの法であっても、他の国々と比較したり、相互に影響を及ぼし合ったり、国外で生じた事実に日本法を適用したりする場合があることを、感じ取っていただければ幸いです。

　2022 年 7 月に、『まだ、法学を知らない君へ——未来をひらく 13 講』を刊行しました。2021 年度に講義をした 13 名の教員によるものでした。

　本書は、2022 年度に講義をした教員を中心に、別の同種の機会に講義をした教員を含め、やはり総勢 13 名が、それぞれ 1 講を文

章にしたものです。書籍としての刊行にあたり、新しい情報を取り入れた内容としています。

2021年度は、東京大学教養学部の法・政治部会が開講責任母体である総合科目「法と社会」の軒をお借りしていました（題目名は「現代法学の先端」）。幸い、これが軌道に乗ったため、2022年度からは、法学部を開講責任母体とする総合科目「現代と法」として開講しています。

2021年度は完全オンラインの形式でしたが、2022年度からは駒場キャンパスの900番教室で開講し、学生と間近に接しながら授業を行っていることも、大きな喜びとするところです。

本書の編集は、有斐閣法律編集局学習書編集部の中村希穂さんと北口　暖さんが担当されています。藤本依子さんほかの皆様とともに進め、書名や装丁も親しみやすいものをお考えくださいました。

総合科目「現代と法」は、東京大学教養学部の科目として開講している授業です。また、授業の運営や本書の刊行に際して、法学部長である山本隆司教授などから助言や支援を受けています。

本書を刊行するにあたって、多くの皆様からのご助力に対し、感謝の気持ちを新たにしています。

2024年7月

「現代と法」委員会を代表して

白　石　忠　志

目　次

第 1 講　　　　　　　　　　　　　　　　　　　　　　　国際法
ロシアのウクライナ侵略と国際法　（中谷和弘）——————1

Ⅰ　は じ め に　　1

Ⅱ　ロシアのウクライナ侵略の違法性　　2

Ⅲ　国連の動向　　4

Ⅳ　個別的・集団的自衛権　　6

Ⅴ　ロシアに対する経済制裁　　7

Ⅵ　凍結資産の行方　　11

Ⅶ　ウクライナによる国際司法裁判所への提訴　　14

Ⅷ　プーチン大統領らの国際刑事責任を問う可能性　　15

Ⅸ　お わ り に　　16

第 2 講　　　　　　　　　　　　　　　　　　　　　　　公法
法を通じて世界を見る　（巽　智彦）——————19

Ⅰ　は じ め に　　19

Ⅱ　ルールとしての「法」　　20

iii

Ⅲ　誰がどのような手続でルールを作ることができるのか　24

Ⅳ　誰がどのような手続でルールを作るべきなのか　27

Ⅴ　結びに代えて──法と権利、法学と学問　32

第3講
憲法

国会のオンライン審議は可能か　（宍戸常寿）──── 35

Ⅰ　は じ め に　35

Ⅱ　国会の本会議をめぐる憲法の規定　37

Ⅲ　オンライン審議をめぐる第1ラウンド　38

Ⅳ　オンライン審議をめぐる第2ラウンド　44

Ⅴ　国会のオンライン審議をめぐる論点　47

Ⅵ　む す び に　51

第4講
刑事訴訟法・少年法

18歳、19歳の者は大人か？　子どもか？　（成瀬 剛）─ 54

Ⅰ　問題の所在　54

Ⅱ　刑事手続と少年保護手続の比較　58

Ⅲ　令和3年の少年法改正　66

Ⅳ　検　　討　70

第5講
社会保障法

多様化する働き方と社会法　（笠木映里）──────── 73

Ⅰ　はじめに──「労働者として働く」ことの法的な意味　73

Ⅱ　労働者階級の誕生と社会法　77

目　次

Ⅲ　社会法による労働者の保護と自由の制限　78

Ⅳ　労働者とは誰のことか　81

Ⅴ　社会法が前提とする働き方とその変容　82

Ⅵ　フリーランスという働き方　84

Ⅶ　プラットフォームワーク　86

Ⅷ　兼業・副業の可能性の拡大　88

Ⅸ　おわりに——多様な働き方が開く無限の可能性と、リスク　88

第6講　　　　　　　　　　　　　　　　　　　　フランス法
母子関係の比較法
——外国法の参照は無意味か？　（齋藤哲志）——————— 90

Ⅰ　は じ め に　90

Ⅱ　子——X　92

Ⅲ　子——母・母　99

Ⅳ　お わ り に　104

第7講　　　　　　　　　　　　　　　　　　　　　　商法
会社は SDGs のために存在するのか？　（松井智予）—— 108

Ⅰ　会社法における株主とステイクホルダーの位置づけ　108

Ⅱ　株主第一主義の歴史的源泉　110

Ⅲ　株主第一主義の理論的根拠づけ　114

Ⅳ　ステイクホルダー重視のアプローチ　116

Ⅴ　サステナビリティDD 規制　118

Ⅵ　実施に際しての問題点　120

v

第8講　　　　　　　　　　　　　　　　　　　　　　知的財産法

なぜデッド・コピー（酷似的模倣）を禁止しなければいけないのか？　（田村善之）————— 123

- Ⅰ　は じ め に　123
- Ⅱ　通産省の思惑　124
- Ⅲ　当時の学説の状況　126
- Ⅳ　筆者との相談　126
- Ⅴ　立法論の際に心がけるべきこと　127
- Ⅵ　市場と法の役割分担という観点からの帰結　129
- Ⅶ　法的判断主体間の役割分担という観点からの帰結　133
- Ⅷ　結　　び　136

第9講　　　　　　　　　　　　　　　　　　　　　　　　交通法

自動運転と法・その1——総論　（藤田友敬）——————— 137

- Ⅰ　は じ め に　137
- Ⅱ　自動運転に期待される役割　138
- Ⅲ　自動運転のレベル　139
- Ⅳ　自動運転にかかわる法的ルール　141
- Ⅴ　道路交通法の改正　143
- Ⅵ　道路運送車両法の改正　147
- Ⅶ　事故に関する責任　150
- Ⅷ　む す び　152

目　　次

第 10 講 　　交通法

自動運転と法・その 2
――自動運転車による交通事故と民事責任・刑事責任
（後藤　元）――― 154

Ⅰ　は じ め に　154

Ⅱ　民事責任・刑事責任とその目的　156

Ⅲ　自動運転車による交通事故と民事責任　158

Ⅳ　自動運転車による交通事故と刑事責任　165

Ⅴ　終 わ り に　168

第 11 講 　　競争法

大きいことは悪なのか？　競争法は
巨大企業にどう対処するか　（Simon VANDE WALLE）― 170

Ⅰ　は じ め に　170

Ⅱ　大企業とは　172

Ⅲ　競争法の焦点は「大きさ」ではなく「力強さ」　174

Ⅳ　【具体例】Google とトヨタは市場支配力を持っているか　177

Ⅴ　市場支配力があるというだけで違法なのか　180

Ⅵ　競争法は大企業に対して何か対策を講じるべきなのか　181

Ⅶ　昔から競争法は市場支配力を問題としなかったのか　182

Ⅷ　競争法は再度変わるのか　183

vii

第 12 講

租税法

租税競争をくいとめる　（増井良啓）———— 185

I　は じ め に　185

II　租税競争とは何か　186

III　柱 2 の概要　189

IV　どのような課題を抱えているか　192

V　授業参加者への「お題」　196

第 13 講

競争法

競争法の国際的適用　（白石忠志）———— 200

I　法の国際的適用　200

II　競争法の国際的適用の定着　202

III　ブラウン管事件の核心部分（第 3 段階）　208

IV　今後のために　212

事項索引（216）

執筆者紹介

＊執筆順

中谷和弘
（なかたに・かずひろ）
東海大学法学部教授、東京大学名誉教授

　重大な国際法違反に国際社会はどう合法的・実効的に対処するか。「国際社会における法の支配」の真価が問われています。

巽　智彦
（たつみ・ともひこ）
東京大学大学院法学政治学研究科准教授

　法学に初めて触れる方はもちろん、触れたことがあるもののそのときは面白く感じなかった方にも、お勧めしたい本です。

宍戸常寿
（ししど・じょうじ）
東京大学大学院法学政治学研究科教授

　法が、政治や経済、社会に密接に関わっている、生き生きとしたものであることを、この本を通じて感じてください。

成瀬　剛
（なるせ・ごう）
東京大学大学院法学政治学研究科教授

　社会のルールに疑問を感じたことがある人は、既に法学の扉を開けています。その先にある豊かな世界を楽しんでください。

笠木映里
（かさぎ・えり）
東京大学大学院法学政治学研究科教授

　これから新しい時代を作っていく読者の皆さんに、まずは考えることの楽しさと自由さを感じて頂ければと思っています。

齋藤哲志
（さいとう・てつし）
東京大学大学院法学政治学研究科教授

　かつての法やよその法にも是非目を向けてみてください。いま・ここにある法の学習にも意外に効き目があります。

松井智予
（まつい・ともよ）
東京大学大学院法学政治学研究科教授

　　現代社会に所与の制度も、過去
　の社会の産物です。将来を模索
　する際に制度の前提を問い直す
　ことも、法学の営為です。

田村善之
（たむら・よしゆき）
東京大学大学院法学政治学研究科教授

　　法学は、社会を動かしていく制
　度を設計するダイナミックな学
　問です。その一端を本書で味わ
　っていただければと思います。

藤田友敬
（ふじた・ともたか）
東京大学大学院法学政治学研究科教授

　　新しい科学技術の進展により従
　来の制度の大前提が維持できな
　いとき、どうすればよいか、柔
　軟な発想で考えてください。

後藤　元
（ごとう・げん）
東京大学大学院法学政治学研究科教授

　　今ある法律をどう解釈するかだ
　けではなく、どのような制度が
　望ましいのかを考えることも、
　法学の重要な役割です。

Simon VANDE WALLE
（ヴァンドゥワラ・サイモン）
東京大学大学院法学政治学研究科教授

　　法学は多様なキャリアへの道を
　拓き、正義と現実をつなぐ。こ
　の本を通して、法律の世界の魅
　力に触れてほしい。

増井良啓
（ますい・よしひろ）
東京大学大学院法学政治学研究科教授

　　コロナ明けの対面式の講義で、
　思わず力が入りました。講義の
　あと白石先生とおいしい蕎麦を
　食べたのも、良い想い出です。

白石忠志
（しらいし・ただし）
東京大学大学院法学政治学研究科教授

　　引き続き、毎回、教室で司会を
　しています。清新な学生が新た
　な知見に接して一歩前に進む様
　子に触れる楽しい仕事です。

第 1 講　　　　　　　　　　　　　　　　　　　　　　　　　国 際 法

ロシアのウクライナ侵略と国際法

中谷和弘

> 2022 年 2 月 24 日からのロシアによるウクライナ侵略は、重大な国際法違反を確信的に行う国家に対して国際社会がどう対応すべきかという深刻かつ核心的な問題を国際法学徒に突きつけている。国際法は無力なのか。国連安保理ではロシアの拒否権行使を妨げられたかもしれない、凍結しているロシア中央銀行の資産は一定の条件の下に没収できるかもしれない、対ロシア経済制裁は別の潜在的違反国の行動を思いとどまらせるかもしれない、ことを記せば、全く無力とはいえないだろう。「国際社会における法の支配」の確立のためには毅然とした行動が求められる。

は じ め に

　本講では、2022 年 2 月 24 日に発生したロシアのウクライナ侵略をめぐる諸問題について国際法の観点から検討する。

Ⅱ

ロシアのウクライナ侵略の違法性

1974年の国連総会決議3314（侵略の定義に関する決議）1条では「侵略とは、一国による他国の主権、領土保全若しくは政治的独立に対する、又は国際連合憲章と両立しないその他の方法による武力の行使であって、この定義に定めるものをいう」と規定する。ロシアのウクライナ侵攻は、1990年のイラクのクウェート侵攻以来の大規模かつ明白な侵略の典型例であって、この侵略の定義の要件を満たすことに疑いはない。1970年の国連総会決議2625（友好関係原則宣言）において確認されているように、国家は政治的体制の自由選択権を有し、その中には他の国家（集団）と種々の条約（集団防衛条約を含む）を締結する自由も含まれる。例えば、ウクライナのNATO加盟申請はウクライナが自由に決定できる事項である。ロシアの行動は、国連憲章2条4項（慣習国際法にもなっている）の他、ウクライナの領土保全を約束した1994年のブダペスト覚書等にも違反する。なお、1990年2月9日にベーカー米国務長官はゴルバチョフソ連書記長にNATO東方不拡大の意向を示したが、法的拘束力を生じさせる一方的約束ではなく、またロシアのウクライナ侵略の違法性に何ら影響を与えるものでもない。

2014年にロシアはクリミアに侵攻し、クリミアを併合した。①クリミアで住民投票を強行、②クリミア共和国（ロシアの傀儡国家）がウクライナから独立宣言、③ロシアはクリミア共和国を国家承認、④ロシアはクリミア共和国との間で同共和国をロシアに編入する条約を締結、を3日間で行うという早業であった。今回も当初はクリ

ミア侵攻・併合と類似したやり方がとられた。2014年にウクライナ東部のロシア系住民が多い地区において、ドネツク人民共和国とルガンスク人民共和国という2つのロシアの傀儡国家が一方的独立宣言を行っていたが、2022年2月21日にロシアは両国を国家承認した。この国家承認は、国家の資格要件（永続的住民、明確な領域、政府、他国と外交関係をとり結ぶ能力：モンテビデオ条約1条）を満たさない「尚早の承認」であり、国際法違反（ウクライナに対する内政干渉）である。その上で、ロシアは両人民共和国と友好相互援助条約を締結して、これに基づいて集団的自衛権を行使するとした（国連安保理にも自衛権の行使であると報告した）。しかし、両人民共和国はロシアに集団的自衛権を要請できる主体（国家）たりえないし、そもそもウクライナによる武力攻撃は全く存在しなかった。その後は、ロシアはウクライナ全土に武力攻撃を行い、もっともらしい口実さえない明白な侵略となった。

　武力紛争時においても紛争当事国は国際人道法を遵守しなければならないが、ロシアは様々な国際人道法違反を犯してきた。特にウクライナの文民や民用物に対する虐殺・攻撃は文民保護条約（ジュネーブ第4条約）やジュネーブ条約第1追加議定書の違反である（両国ともこれらの締約国であり、主要規定は慣習国際法にもなっている）。例えば、ブチャなどでの虐殺は虐待・殺戮を禁止するジュネーブ第4条約32条に違反し、ザポリージャ原発への攻撃は原発への攻撃を禁止するジュネーブ条約第1追加議定書56条1項に違反する。

国連の動向

　2022年2月25日に安保理においては、ロシアのウクライナ侵略を国連憲章2条4項違反だと非難し、ロシアに武力行使の即時停止とウクライナからの即時完全撤退をすべしと決定する決議案が、安保理常任理事国であるロシアによる拒否権の行使によって否決された（賛成11、反対1＝ロシア、棄権3＝中国、インド、UAE）。しかしながら、ロシアは本決議案に対して当然に拒否権を行使できたのであろうか。国連憲章27条3項では、紛争当事国は憲章第6章（紛争の平和的解決）に基づく決定については投票を棄権しなければならない旨を規定する。西側諸国による当初の決議案では、第7章への言及があったが、中国が「これでは棄権できず反対票を投じざるを得ない」との態度をとったため、第7章への言及を削除した決議案を提出したという経緯がある。この経緯に鑑み、西側諸国の国連大使達は、「第6章下の決議だから紛争当事国であるロシアは投票を棄権しなければならない」と主張してみるべきであった。実際には同項は厳格には適用されず、1976年にはフランスが自らが紛争当事国である第6章下のマイヨット島問題について反対票を投じ、それが拒否権として認められてしまったという先例もあるし、「6章下か7章下か」の決定についても二重拒否権が行使される可能性はあるものの、国際世論を喚起するため主張してみる価値はあった。さらに、ロシア（2月はロシアが議長月であった！）に対して、「紛争当事国が図々しく議長席にいるのは、『何人も自己の裁判官たるを得ず』という法の一般原則に反するから、議長を交代すべきだ」と

畳みかけてみるべきであった。

　国連安保理では決議は採択されす、安保理はウクライナ問題については機能麻痺したが、国連総会（国際の平和と安全の維持に主要な責任を負うのは憲章24条で規定されているように安保理だが、総会も11条で規定されているように国際の平和と安全の維持に一定の権限を有する）は緊急特別会合を招集して「平和のための結集決議」を採択してきた（最初の例は1950年の朝鮮戦争時の決議377であった）。2022年3月2日の決議ES-11/1では、ロシアのウクライナ侵略を国連憲章2条4項違反だと非難し、ロシアに武力行使の即時停止とウクライナからの即時完全撤退を求めた。総会決議は安保理決議（の一部のパラグラフ）とは異なり法的拘束力は有しないが、正当性を付与し、国際世論を喚起する意味を有する。

　2022年10月12日にはロシアによるウクライナ東部・南部の4州の併合を非難し、ロシアに併合の即時無条件の撤回を求める決議ES-11/4が採択された。また、同年11月14日にはロシアは国際法違反のすべての法的結果について責任を負わなければならないとする決議ES-11/5が採択された。これらの決議は、「国際法違反から権利は生じない」、「国際法違反国は原状回復や賠償の義務を負う」という国際法の基本ルールに基づくものである。なお、ロシアのウクライナ侵略を支持するベラルーシの行為は、国家責任条文16条で規定された国際違法行為の遂行における違法な支援又は援助に該当し、ベラルーシも国際法違反の責任を負う。

　拒否権については、2022年4月26日の総会決議76/262において、拒否権行使の際には10日以内に総会において拒否権が行使された事態について討議することが決定された。その後、ミサイル発射を繰り返す北朝鮮に対する経済制裁を強化する内容の安保理決議

案につき5月26日に拒否権を行使したロシアと中国に対して、6月8日の総会において拒否権行使の説明を求め、両国が「説明」を行った。両国の「説明」は単なる弁解であって真の意味で説明責任を果たしたとはいえなかった。

　既得権である拒否権を廃止・制限することは極めて困難である。むしろ今回の事態に鑑みて、直ちに行うべきことは安保理暫定手続規則20項の改定であろう。同項では、「安保理議長は、議長の責任を適切に果たすために、自国が直接に関係する特定の問題の審議においては司会をすべきではないと判断した場合には、その決定を安保理に伝える」旨を規定するが、このような議長の善意に期待する「甘い」規定（それゆえ2022年2月にロシアは厚顔無恥にも議長を続けた）を放置せずに、「安保理議長は、自国が直接に関係する問題については司会ができない。自国が直接に関係する問題か否かの決定は安保理において行う」と改定すべきであろう。

個別的・集団的自衛権

　ロシアの武力攻撃に対してウクライナは個別的自衛権を発動できる。ウクライナの行動は個別的自衛権の発動要件（カロライン号事件において1841年に米国のウェブスター国務長官が示した「即時、圧倒的、手段の選択の余地がない、かつ熟慮する時間がない」という自衛の必要性の要件）を基本的に満たしているといえる。

　ウクライナの友好・同盟国による集団的自衛権に関しては、「ウクライナはNATO非加盟国だからNATOは集団的自衛権を行使

できない」といわれる。たしかに NATO の北大西洋条約 5 条では、共同防衛（集団的自衛権の行使）を「締約国に対する」武力攻撃に限定しているが、一般国際法上は集団防衛条約の存在は集団的自衛権発動の不可欠の要件ではない。1986 年の国際司法裁判所「ニカラグア事件」判決では、Ｘ国によるＡ国への武力攻撃につきＢ国（Ａ国の友好同盟国）が集団的自衛権を行使する要件として、① Ａ国が武力攻撃を受けたこと、② Ａ国が武力攻撃を受けたと宣言すること、③ Ａ国がＢ国に対して集団的自衛権の発動を要請すること、の 3 要件を挙げているが、Ａ国とＢ国の間に集団防衛条約が締結されていることは要件として挙げていない点に留意する必要がある。つまり③の要請はそのつど（アドホック）のものでもよく、事前に集団防衛条約があることは要件ではない。それゆえ NATO 諸国がウクライナのために集団的自衛権を発動することは一般国際法上は可能である。

ロシアに対する経済制裁

　ロシアのウクライナ侵略に対する各国による主要な反応は、ロシアに対する経済制裁である。武力行使は、国際法上、武力攻撃に対する個別的・集団的自衛権に該当する場合か国連安保理決議に基づく場合に限定され、また民主主義国では武力行使は一般に政治的ハードルが高い。外交上の措置（ロシア外交官の追放等）など武力・経済力の行使以外の措置はそれ自体としては象徴的効果にとどまる。それゆえ、国際法違反への諸国家による最も主要な反応は経済制裁

となっている。ロシアに対する経済制裁は、西側諸国など国際社会の一部の諸国によってとられるにとどまり、また全面輸出入禁止がなされた訳ではないなど、部分的な制裁措置にとどまっている。ただし、これまでの国連安保理決議に基づく経済制裁（非軍事的強制措置）においては、多くの国にとって「おつきあい」の側面が強く、しぶしぶ参加する国が多かったのが実情であったのに対して、今回の対ロシア経済制裁を実施する西側諸国の士気は概して高いといえる。

輸出入禁止措置をはじめとする経済制裁は経済関係の条約の規定（例えば最恵国待遇や数量制限の禁止）等に一旦は抵触するが、当該条約に含まれる例外条項によって正当化されることがある。また、国際法違反に対する対抗措置としてであれば違法性が阻却されうる。今回の対ロシア経済制裁もこれらのいずれかに該当し、国際法上合法であると考えられる。

まず、GATT や GATS（サービス貿易協定）との関係では、GATT 21 条及び GATS 14 条の 2 で規定された「安全保障のための例外」に該当するとして正当化できる。即ち、「自国の安全保障上の重大な利益の保護のために必要であると認める」「戦時その他の国際関係の緊急時に執る措置」は妨げられずにとりうるのである。

次に、安全保障のための例外条項が適用できない分野や場合であっても、一般国際法上、国際法違反に対する非軍事的対抗措置として違法性が阻却されうる。対抗措置については、1978 年の米仏航空協定仲裁裁定において、「今日の国際法の諸規則の下においては……各国は独力で他国に対する自らの法的状況を確立する。もしある国家が、他国の国際義務の違反となる状況が発生したと考える場合には、前者の国家は、武力の行使に関する国際法の一般規則によ

って設定された限度内で、対抗措置を通じて自国の権利を確認することができる」と判示して対抗措置を広く容認した。また、国連国際法委員会が作成した国家責任条文（国連総会が2001年に草案を採択。国際法違反の法的結果のルールを記述したもの）の22条では、「他国に対する国際義務に合致しない国の行為の違法性は、その行為が……当該他国に対してとられる対抗措置を構成する場合には、その限りにおいて、阻却される」と規定した。直接の権利を侵害されていない第三国による経済制裁（今回もそうである）も対抗措置としてカバーされるかについては議論はありうるものの、①侵略という国際社会全体に対する重大な違反であってウクライナの権利侵害にとどまらず、すべての国家の利益が侵害されたといえること、②国連総会決議によって有権的な事実認定と違法性の評価が示されたと考えられること、③国連安保理が機能麻痺している状況下で第三国による経済制裁を一切否認することはロシアの侵略に対する無反応を事実上求めることになってしまうことに鑑みて、対ロシア経済制裁を容認することは国際法上可能であり、またそのことは「国際社会における法の支配」の防衛にとって非常に重要であると考えられる。第三国による経済制裁は、ウガンダにおけるジェノサイドに対する米国による対ウガンダ経済制裁（1978年）やソ連のアフガニスタン侵略に対する米国による対ソ連穀物禁輸（1980年）など、一定数の先例もあり、これらについて当時、国際法違反だとの強い非難はなかった。

　経済制裁はかつては輸出入禁止措置が中心であったが、現在では、有責者（個人・団体）の資産凍結措置（金融制裁）と入国禁止措置も中心的な措置となっている。資産凍結措置はIMF（国際通貨基金）に通告すればとりうるし、外国人の入国可否は基本的に各国の裁量

事項ゆえ、国際法上問題はない。金融制裁については、今回の対ロシア制裁においては、国際資金決済網の SWIFT（国際銀行間金融通信協会）からロシアの主要銀行を排除したこと、及び、ロシア中央銀行の資産を凍結したことが画期的である。SWIFT は非国家主体（ベルギーの協同組合）であるため、ロシアの金融機関の排除は国際法上の問題を生じない。SWIFT から排除されることでロシアの国際的な資金決済は大いに不便とはなるが、不可能になる訳ではない。より画期的な金融制裁措置は、西側諸国がロシア中央銀行が外貨準備のためにおいていた金融資産を凍結したことである。凍結されたロシア中央銀行の資産は計 3000 億ドルといわれている。外国中央銀行の資産は通常時であれば（仮）差押えや強制執行からの免除の対象となる（国連国家免除条約 18 条、19 条、21 条 1 項 c）が、侵略に対する対抗措置として違法性が阻却されると解せられる（同条約前文では「この条約により規律されない事項については、引き続き国際慣習法の諸規則により規律されることを確認して、」と規定する）。ロシアは中央銀行の資産が凍結されることを予期していなかったとされるが、中央銀行の資産を凍結した先例はいくつかある（1979 年に米国がイラン人質事件への対応としてイラン中央銀行の資産を凍結、2011 年のアラブの春の際に安保理決議 1970 に基づいてリビア中央銀行の資産を凍結、2012 年に米国及び EU が核開発疑惑のあるイラン中央銀行の資産を凍結、2011 年、12 年に米国及び EU が反体制派を抑圧するシリア中央銀行の資産を凍結、2019 年に米国が非合法政権が居座るベネズエラ中央銀行の資産を凍結、2021 年に米国がタリバン政権による引出防止のためアフガニスタン中央銀行の資産を凍結）。

経済制裁のみで現在継続中の侵略等の国際法違反を停止させることは現実にはおよそ容易ではない。また、経済制裁は効果を生じる

までに一般に時間を要する。第二次大戦後の最大規模の経済制裁であった南ローデシア（自決権を無視して白人だけの政権の形で1965年に英国から一方的に独立を宣言した）に対する国連安保理決議に基づく経済制裁（非軍事的強制措置）においては、1980年のジンバブエ共和国としての独立によって問題が解決されるまで15年を要した。経済制裁は当初の目的を完遂できた例はむしろ少なく、数少ない成功例が、1988年のパンナム機爆破事件に関するリビアに対する国連安保理決議に基づく経済制裁であり、リビアは責任を認めて金銭賠償や謝罪を行った。それだからといって経済制裁は無意味という訳では決してない。経済制裁には一般予防効果、つまり別の潜在的違反国が国際法違反を犯すことを抑止する効果があるのであり、この点も看過してはならない。

凍結資産の行方

　凍結したロシア中央銀行の資産やオリガルヒ（プーチン大統領のとりまきの大富豪）の財産を没収してウクライナ支援に充てられるだろうか。賠償の問題は、従来は戦争終結後の平和条約（又はそれに代替するもの）において決定されてきた。問題は、それまで待てない、戦争が長期化してウクライナが国家破産するおそれが生じる前に支援する必要がある、というものである。他方、西側諸国の財政支援にも限界があるため、ロシアの資産を充てるのが合理的だという判断が存在する。既にカナダは2022年6月に凍結しているロシアの資産を没収してウクライナ支援に充てることを可能にする国内

法 C-19 を制定した。カナダは 2022 年 12 月 19 日にオリガルヒのアブラモビッチ氏が所有する企業の資産 2600 万米ドルの没収の手続を開始したと発表した。オリガルヒはロシアのウクライナ侵略に共謀しているという考え方に基づくものである。同法の初の適用例であり、没収は G7 で初である。

なお、米国は 2022 年 2 月 11 日の大統領令において、凍結しているアフガニスタン中央銀行の資産の半分を将来のアフガニスタン復興のために充て、半分を同時多発テロの遺族への補償に充てるとした。2022 年 12 月末に成立した 2023 年包括歳入法には、司法長官がロシアの凍結資産をウクライナ支援に充てるため国務省に移管することを可能にする条項が含まれている。

凍結資産を没収することは国際法上、容認されるだろうか。この問題は、ロシア中央銀行の資産とオリガルヒの資産に分けて考える必要がある。財産の自由処分権の一時的否認である資産凍結と恒久的否認である資産没収は性格を異にする。資産没収は「対抗措置は有責国が義務を履行した場合には終了しなければならない」という対抗措置の一時性の要件（国家責任条文 53 条）に抵触する。また、第三国が凍結している国際法違反国の資産を接収することは、通常時であれば不当利得の問題を生じかねない。ロシア中央銀行の資産没収（差押、強制執行）に関しては、国連国家免除条約 19 条及び 21 条 1 項 c により、通常の場合には容認されない。ただし対抗措置として違法性が阻却されるかどうかについては議論がありうる。オリガルヒの資産没収に関しては、私有財産の没収は、一般には個人の財産権の保護に抵触するため極めて困難である。また、ロシアの侵略とオリガルヒの活動との間に相当因果関係を立証することは一般には困難である（軍事関連ビジネスで財をなしたオリガルヒの場合には

この点の立証が可能かもしれない）。なお、犯罪収益の没収は一般に可能であり、一部の政府高官やオリガルヒの財産の一部については、マネーロンダリングや組織犯罪に関連した財産だとして、例えば国際組織犯罪防止条約の下での没収が可能になるかもしれない。

　2022年11月末に欧州委員会は、凍結しているロシア中央銀行の資産を運用してその運用益をウクライナ支援に充てるという提案を公表した。制裁が解除された場合には、ロシア中央銀行の資産は返還されなければならないが、戦争賠償と相殺されうることも指摘した。凍結資産の没収が国際法上容易ではないことを勘案した上でのより法的リスクの少ない対応を模索した結果、EU理事会は2024年2月12日にロシア中央銀行の凍結資産の運用益をウクライナ支援に活用する方針を決定し、同年5月21日にはその詳細を決定した。他方、米国は、同年4月24日にロシア中央銀行の凍結資産の没収を可能にする「ウクライナ人のための経済的繁栄及び機会の再建法」を成立させた。同年6月のプーリアサミットにおいてG7は、没収は行わず、基金を創設してウクライナ支援のために資金を拠出し、凍結資産からの運用益を返済に回す方針で合意した。

　イラクのクウェート侵略に関しては、安保理の補助機関として国連補償委員会（UNCC）が創設され、イラクに国連の監視下で石油の輸出を認め、石油の売上代金を国連の口座に入れ、そこから補償金をUNCCでの審査に従って支払うというスキームを作った。今回は安保理は機能麻痺しているものの、UNCCはロシアのウクライナ侵略をめぐる補償問題を考える上で参考となりうる。

　補償の前提となるのは損害の確定であるが、欧州評議会は2023年5月にウクライナの損害を登録する機関の創設を決定し、日本を含む41か国及びEUが参加を表明している。

Ⅶ

ウクライナによる国際司法裁判所への提訴

　2022 年 2 月 26 日、ウクライナはロシアを国際司法裁判所（ICJ）に提訴した。管轄権の根拠はジェノサイド条約である。ここで注目すべきは、ウクライナの請求は「ロシアがウクライナに対してジェノサイドを犯したからその認定と停止を求める」というものではなく、「ロシアの言いがかり（ウクライナがドネック人民共和国とルガンスク人民共和国でロシア系住民にジェノサイドを行っているからロシア系住民保護のための介入は正当化される）には根拠がない」という判決を求めるというものであるということである。ここにはウクライナの訴訟戦略がある。「ロシアがウクライナに対してジェノサイドを犯した」ことの判示を求めるとなるとウクライナが立証責任を負うが、この立証が容易ではない。これに対して「ウクライナがロシアにジェノサイドを犯したことの否認を求める」訴えであれば、ウクライナは立証責任を基本的に負わないのである。

　ICJ は同年 3 月 16 日に仮保全措置を出した（ロシアは裁判不参加で欠席裁判となった）。ロシアの軍事行動の即時停止等を求めるものであるが、ロシアは「ICJ にはそもそも管轄権がない」と主張して、この仮保全措置に従うことを拒否した。なお、西側諸国 33 か国がウクライナ側に訴訟参加していることが注目される。ジェノサイド条約非当事国の日本は訴訟参加していない。ICJ は 2023 年 6 月 5 日に米国（同条約の紛争解決条項（9 条）に留保を付している）を除く 32 か国の訴訟参加を認める命令を発した。2024 年 2 月 2 日に ICJ は管轄権を容認した。本案については今後審理がなされる。

14

ICJ における審理は「国際社会における法の支配」にとって非常に重要であるが、裁判には相当の時間を要し、かつ本案判決が出てもロシアがそれを履行する見込みは全くないことに鑑みると、現在進行中の侵略を国際裁判において停止することは困難であると言わざるを得ない。

プーチン大統領らの国際刑事責任を問う可能性

プーチン大統領らロシアの政府高官の国際刑事責任を問うことは可能だろうか。国際刑事裁判所（ICC）に関しては、ロシアもウクライナも ICC 規程の締約国ではないが、ウクライナは 2015 年 9 月に「ロシアの政府高官による人道に対する犯罪及び戦争犯罪」について管轄権を受け入れると宣言しているため、当該犯罪については ICC で裁くことが可能である。2022 年 3 月 2 日に ICC は加盟 39 か国からの付託を受けて捜査開始を発表した（日本も 3 月 9 日に付託した）。

ICC 予審裁判部は、2023 年 3 月 17 日にプーチン大統領に対しウクライナからの児童の違法な連れ去りにつき戦争犯罪容疑で逮捕状を発付した。ただし、ICC においては欠席裁判は認められず、身柄をハーグまで移送することが裁判の前提となるため、政変が起きてプーチン大統領が失脚しない限り ICC における国際刑事責任の追及は困難である。

なお、侵略犯罪について訴追することは、安保理が機能麻痺している現状では無理であるが、これを可能にするため、欧州委員会は

2022年11月末に、①多国間条約に基づくICCとは別の独立した国際刑事法廷、又は、②国内刑事体系と国際裁判官をあわせたハイブリッドの特別法廷の創設を提案した。そして2023年3月4日には、ロシアの侵略犯罪を訴追する特別の裁判所が必要であるとして、ウクライナに対する侵略犯罪の訴追のための国際センター（ICPA）の創設を発表した。同センターは7月3日にハーグに設置された。今後の推移が注目されるが、ICCとの関係はどうなるのか、このような特別刑事法廷が侵略犯罪を裁く権限は一般国際法上あるのか、欠席裁判を認めるのか（ICCのように欠席裁判を認めないとすると、プーチン大統領の失脚後でないと裁判は進行し得ないこととなる）といった法的論点がある。

おわりに

　ロシアのウクライナ侵略は「力による一方的な現状変更」に他ならず、国際法上全く正当化できないものである。いくらロシアが野心的な行動をしようとも「違法から権利は生じない」のである。

　安保理常任理事国による侵略という重大な国際法違反に国際社会はどう対抗すべきか。国連の改革は不可欠であるが、機能麻痺した安保理に代わってどこまで国連総会に期待できるか。この点は「第三極」、「グローバルサウス」と呼ばれる諸国の動向次第ではあるが、国連総会が対ロシア経済制裁の勧告決議を採択できていない（冷戦期においては対南アフリカ経済制裁勧告決議が総会で採択されてきた）ことからも期待薄と言わざるを得ない。

「国際社会における法の支配」は単に言葉によってではなく、毅然とした行動によりはじめて確立され得るものであり、その意味でロシアのウクライナ侵略は「国際社会における法の支配」が試されているケースであるともいえよう。

〔付記〕本講義は 2022 年 4 月 26 日に行われた。その後の進展をふまえて加筆修正した。

── 文献案内 ──────────────────────────

・ジュリスト 1575 号（2022 年）の「〈時論〉ロシアのウクライナ侵攻──国際法の観点から」の各論考
・CISTEC ジャーナル 202 号（2022 年）の「特集／ロシア制裁と諸情勢」の各論考
・国際問題 710 号（2022 年）の「焦点／ロシア・ウクライナ紛争における国際法の役割」の各論考
・法学教室 509 号（2023 年）「特集 1　戦争と法学」の各論考
・浅田正彦＝玉田大編著『ウクライナ戦争をめぐる国際法と国際政治経済』（東信堂、2023 年）
・人道研究ジャーナル 12 号（2023 年）の「特集：国際人道法から見たロシア・ウクライナ戦争」の各論考
・国際法研究 11 号（2023 年）の「〈特集〉ロシアのウクライナ侵略をめぐる国際法上の諸課題（1）」の各論考
・上原有紀子＝島村智子＝青井佳恵「ロシアによるウクライナ侵攻と国際法」『調査と情報―Issue Brief』1229 号，1230 号，1231 号（2023 年）
・国際法研究 13 号（2024 年）の「〈特集〉ロシアのウクライナ侵略をめぐる国際法上の諸課題（2）」の各論考
・中谷和弘「ロシアのクリミア編入と国際法」論究ジュリスト 9 号（2014

年)
・中谷和弘「湾岸戦争の事後救済機関としての国連補償委員会」柳原正治編『国際社会の組織化と法（内田久司先生古稀記念)』（信山社、1996年)
・Masahiko Asada and Dai Tamada (eds), *The War in Ukraine and International Law* (Springer, 2024)

第 2 講　　　　　　　　　　　　　　　　　　　　公　　法

法を通じて世界を見る

巽　智彦

　法や法学という言葉を聞いたとき、皆さんはどういうものをイメージするだろうか。（日本国）憲法、民法、刑法のような、六法全書に載っていそうな法典、それをはじめとする様々な社会の「ルール」が頭をよぎる方が多いのではないかと思う（違うものを思い浮かべた方がいたら、その方と色々とお話ししたいところなのだが、今回はやむを得ず先に進ませていただく）。本講はこの「ルール」という観点に着目して、社会の課題を「法」ないし「法学」という切り口で分析することの意味の一端を紹介したい。

はじめに

　本書の姉妹本、『まだ、法学を知らない君へ』（→文献案内。以下『まだ知ら』と表記）は、それぞれの法分野の最先端の社会課題を取り上げて、そこに具体的に切り込むというコンセプトで編まれている。本講では（勝手ながら）趣向を変えて、『まだ知ら』で取り上げられたテーマを織り交ぜつつ、一段メタのレベルから、法学という営みの一端を紹介したい。

II

ルールとしての「法」

　我々の社会には、実に様々なルールが存在する。「法」とは、そうした社会に存在するルールの一部を、何らかの特徴に鑑みてグルーピングしたものであるといえる。しかし実は、何が「法」を特徴づけるのかについて、共有された理解があるわけではないし、「法」という言葉に、誰もが納得する普遍的な定義が与えられているわけではない。この点はこれ以上詮索せず、まずは、日本に存在している「法」的なルールを、大まかに整理してみよう。

1．日本国民が作るルール ── 日本国憲法

　まず取り上げるべきは、日本国憲法である。日本国憲法は、①法の下の平等、思想および良心の自由、健康で文化的な最低限度の生活を営む権利といった、我々が享有する自由ないし権利を明らかにし、②国会・内閣・司法の三権の構成や権限、また財政や地方自治を規律することで、社会の基本的なルールを構築している。

　すぐ後で見るように、社会のルールをより具体的に規定しているのは、国会が制定する法律であるが（→2）、日本国憲法は、上記の①②を通じて、その法律の内容や制定改廃・実施のあり方を枠づけているという意味で、非常に重要なルールである。例えば、名誉・著作権・プライバシー等を侵害する情報がインターネット上に氾濫し、また個人情報の適正な取扱いがこれまで以上に意識されるようになる中、民法・刑法・著作権法・個人情報の保護に関する法律（個人情報保護法）といった法律の解釈や改正の必要の有無が盛んに

20

議論されているが、憲法が保障するプライバシー権や表現の自由は、裁判や立法の指針として重要な役割を果たしている（『まだ知ら』第1講「デジタル社会と憲法」（宍戸常寿））。同性婚、性犯罪処罰、非正規雇用の処遇といったテーマも、民法・戸籍法、刑法、労働基準法・最低賃金法・労働契約法などの法律を素材に議論されるが、その際には、法の下の平等、個人の尊重、勤労の権利や団結権といった、憲法上の権利ないし自由が意識されている（『まだ知ら』第2講「同性カップルと婚姻」（沖野眞已）、第3講「刑法は個人の尊厳を守れるか」（和田俊憲）、第6講「非正規格差をなくすには」（神吉知郁子））。

2. 国会が作るルールと行政が作るルール ─────────

(1) 法 律

憲法の基本的なルールの枠内で、我々の生活を直接に規律しているのは、国会が制定する法律である。例えば、民法は、財産や家族に関する基本的なルールを定める法律、商法・会社法は、商人の営業や会社の組織等に関する基本的なルールを定める法律、刑法は、犯罪と刑罰に関する基本的なルールを定める法律であり、いずれも我々の日常に密接にかかわっている（『まだ知ら』第2講〜第5講）。労働法、知的財産法、競争法、租税法などは、そうした名前の法律が存在するというわけではなく、例えば労働法であれば、労働基準法・労働契約法・労働組合法といった様々な法律から成る一つの分野の名称であるが、いずれにせよそうした分野の中心には、法律に定められた基本的なルールがある（『まだ知ら』第6講〜第10講）。

(2) 命令・ガイドライン等

さらに、日本では、政令・府省令・委員会の規則など、行政機関

が制定する「命令」（日常用語とは異なる意味である点に注意してほしい）が、法律の定めたルールをさらに具体的に、詳細に規定することが多い。例えば、昨今新設された「金融サービス仲介業」に関するルールは、「金融サービスの提供に関する法律」では完結しておらず、「金融サービスの提供に関する法律施行令」・「金融サービス仲介業者等に関する内閣府令」といった命令（正確には、前者は内閣が制定する政令、後者は内閣府の長が制定する内閣府令）まで参照して初めて、具体的な内容が分かる（『まだ知ら』第4講「金融サービス仲介業制度の導入」（神作裕之））。

なお、日本の行政機関は、ガイドラインや指針、報告書といった類の文書を発出して、自身がどのように法律・命令を解釈適用しているか・するつもりなのかを明らかにすることも多い。こうした文書は、「命令」と同列に位置付けることはできないものの、事業者にとっても一定の意味を持つ（公正取引委員会について、『まだ知ら』第8講「プラットフォーム全盛時代に適正な競争を確保する」（白石忠志））。

3. グローバルなルールとローカルなルール ─────────

(1) 国際法

上記のものはすべて、基本的には日本という一つの国家の中で通用するルール（国内法）であるが、日本と他の国家（例えばアメリカ合衆国）の間の関係を規律するルール（国際法）も存在する。国際法の領域では、慣習法や条約が重要な役割を果たしているほか、国際連合（国連）や経済協力開発機構（OECD）といった国際機関の決議・勧告や報告書、金融・世界経済に関する首脳会合（G20）のような国際会議の合意など、さまざまな文書がグローバルなルール形成に寄与している（国際課税のルールについて、『まだ知ら』第10講

「GAFA の利益をつかまえる」（増井良啓）、国家間のサイバー攻撃の規制について、同第11講「国家間のサイバー攻撃をどう規制するか？」（森肇志））。

(2) 条　例

他方で、『まだ知ら』では登場しなかったが、ローカルなルールも重要である。一つの国家の中に複数の州があり、それぞれが固有の法律を制定している国もある（アメリカ合衆国、ドイツ連邦共和国など）。これはいわゆる連邦制と呼ばれる仕組みであるが、連邦制を採らない国でも、いわゆる地方自治の仕組みを採用し、国とは別の団体としての地方自治体に、比較的強力なルール制定の権限を認めることがある。日本では、都道府県および市町村・特別区（現在のところ東京23区のみ）を典型とする地方公共団体の議会が、条例により、その団体の区域内で通用するルールを制定している。青少年の深夜外出や有害図書を規制するいわゆる青少年保護育成条例や、道路や広場におけるデモ活動を規制するいわゆる公安条例、最近ではヘイトスピーチ対策のための条例などが著名であろう。

4.　裁判所が作るルール──判例

以上で見たのは、三権分立でいうところの立法府と行政府が形成するルールであったが、三権のもう一つ、司法府ないしは裁判所も、社会のルールの形成に寄与している。本書や『まだ知ら』では、「最判昭和○・△・□〜」という表記が登場するが、これは「最高裁判所の昭和○年△月□日の判決で、〜が出典である」という意味であり、そこでは要するに裁判所の判決が参照されている。最高裁判所が特定の事件について判決・決定という形式で下した判断は、

23

その事件についてある法律をどのように解釈し、ある事実をどのようにそこに当てはめ、どのような結論が導かれたかについて、後の裁判所を拘束するものと解されている（このように一定の拘束力を持つ裁判所の判断を、とくに「判例」と呼ぶことがある）。ある最高裁判決で、ある雇用主とある労働者とが締結した労働契約の条項が法律違反ゆえに無効だとされた場合（『まだ知ら』第6講（神吉知郁子））、他の雇用主や労働者が締結している労働契約の同様の条項までもが当然に無効だということにはならないが、それについて裁判所が後に判決を下すならば違法無効とされることが明らかであるため、賢明な雇用主はそのような契約条項を見直すことになる。このような形で、判例も社会のルールの一つとなっている。

誰がどのような手続でルールを作ることができるのか

ほかにも、「ルール」という言葉から想起されるものはたくさんある。Ⅱで見たのは基本的に、国や地方公共団体といった公的な主体が制定するルールであるが、会社の就業規則、マンションの管理規約、携帯電話の契約約款などなど、私的な主体が制定するルール（のようなもの）を思い浮かべた方も多いのではないかと思う。本当はもっと語りたいところであるが、今回はやむなく、Ⅱで見た公的な主体が制定するルールに話を限定したい。

いずれにせよ、法学では、このように、社会に存在する様々なルールに一定のグルーピングを施している。ではなぜそのようなことをするのか、少し考えてみよう。

第 2 講　法を通じて世界を見る

1．ルールの所管

　一方で、一定の事項は特定のグループに属するルールで定めることができる、ひいては、特定のグループに属するルールでなければ定めることができない、とされることがある（所管事項や専管事項などと呼ばれる）。

(1)　選挙制度法定主義

　例えば、「両議院の議員の定数は、法律でこれを定める」（憲法 43 条 2 項）、「選挙区、投票の方法その他両議院の議員の選挙に関する事項は、法律でこれを定める」（憲法 47 条）といった規定は、そこに掲げられた事項は法律で定めることができ、かつ法律以外では定めることができないという意味だと理解されている（便宜上これを「選挙制度法定主義」と呼ぶことにする）。実際に、これらの事項は公職選挙法という法律で定められており、それは、こうした憲法の規定に基づくものと解されている。

(2)　罪刑法定主義・租税法定主義

　同様に、日本国憲法には、「何人も、法律の定める手続によらなければ、その生命若しくは自由を奪はれ、又はその他の刑罰を科せられない」（憲法 31 条）、「あらたに租税を課し、又は現行の租税を変更するには、法律又は法律の定める条件によることを必要とする」（憲法 84 条）という条文が置かれている。それぞれ、罪刑法定主義、租税法定主義と呼ばれている。刑罰や租税に関するルールが、刑法・軽犯罪法や所得税法・法人税法といった法律に置かれているのは、この憲法上の要請に基づくものである（→『まだ知ら』第 3 講、第 10 講）。

25

2. ルールの優劣

　他方で、ルールのグループ間には優劣関係が定められることがある。例えば、日本国憲法は、他のルールに優越する「最高法規」である（憲法98条1項）。具体的に言えば、日本国憲法の規定に違反した内容を定める法律の規定は、憲法違反（違憲）との評価を受け、効力を失う。同様に、法律は命令に優越すると解されており、法律の規定に違反した内容を定める命令の規定も、法律違反（違法）との評価を受け、効力を失う。そのほか、国際法（国際慣習法や条約）は、憲法に劣位するが、日本国の負う国際法規の誠実遵守義務（憲法98条2項）に鑑みて、法律に優位するものと解するのが一般的である。地方公共団体の議会が制定する条例は、法律にも命令にも劣位するものとされている（地方自治法14条1項参照）。

3. ルールの制定主体に関する（メタ）ルール

　このように、ルールをグルーピングし、それぞれの所管事項・専管事項や優劣関係を定めるのは、①誰が、②どのような形で、③どのようなルールを定めることができるのかをはっきりさせるということでもある。

　再び選挙制度法定主義を例にとるならば、「両議院の議員の定数」などは法律で定めるべきこと（法律の専管事項とすること）を日本国憲法が定めているというのは、すなわち、①法律の制定主体である国会が、②憲法および国会法に定められた法律案の議決の手続に従うのでなければ、③これらに関するルールを定めることができないということである。かつ、日本国憲法が法律に優位するということは、憲法に定められた選挙制度法定主義自体を、国会が法律によって廃止することはできないということである。このような形で、日

本国憲法は、一定の事項については法律を制定する国会に社会のルールを形成する基本的な資格を認め、それを簡単に変更できない（メタ）ルールとして確定しているのだと言える。

誰がどのような手続でルールを作るべきなのか

　以上はさしあたり、日本において「誰が、どのような手続で、どのようなルールを定めることができるのか」という観点から、現状の一部を整理したものと言える。さらにもう一歩踏み込んで、こうした現状がどのような理念に基づくのかを考えてみよう。

1．国会・法律によるルール形成の原則

　先に見たように、日本国憲法は、選挙制度法定主義・罪刑法定主義・租税法定主義といった形で、一定の事項については法律による社会のルールの形成を求めている。裏を返すと、これらの事項については、行政機関のみによるルール形成を認めないということである。詳しく触れる余裕はないが、日本国憲法からは、より一般的に、（刑罰に限らず）罰則を設けたり、（租税に限らず）私人に義務を課したり、その権利を制限したり、私人に実力を行使したりする場合には、法律にその根拠を置くべしとの原則が導かれており（法律の留保という）、行政機関のみによるルール形成を認めていない。このように、国会が法律により社会のルールを形成すべしという原則は、それなりに広い範囲で通用している。では、それはどのような理念に基づくのであろうか。

(1)　法律と命令

　様々な議論を脇において、一つのポイントのみ紹介するならば、ここでは、法律の制定主体である国会（両議院）が、「全国民を代表する」議員で組織されており（憲法43条1項）、かつ「両議院」の「可決」により法律が制定される（同59条1項）点が、重要な意味を持つ。国会が法律でルールを決めるということは、すなわち「全国民」の「代表」たる議員が、両議院での審議の結果それを決めるということである。これに対して、内閣府令や省令は、行政機関の長が、単独で両議院による審議の過程を踏まずに制定する。行政機関の長は国会議員であることも多い（国務大臣の過半数は国会議員である）が、その職にどの議員を充てるかを国民が決められるわけではない。また、政令は内閣が閣議により、委員会の規則は委員会が委員の合議により決定するが、両議院の審議を経ないことに変わりはない。以上を踏まえて、法律と命令とを比較したとき、命令よりも法律の方が、その内容が「全国民」の意思に由来するものと説明しやすい。

(2)　条約の国会承認

　同様に、社会のルールを形成するに当たって、「全国民」の意思による決定の機会を確保するという観点は、国際法の一つである条約（→Ⅱ3）についても見られる。条約の締結は内閣の行う事務の一つであるが、条約の締結に当たっては、事前または事後の国会の承認が必要とされている（憲法73条3号）。国会の承認は、法律案の議決とは異なるプロセスを踏む（憲法61条参照）ものの、「全国民の代表」たる両議院の議員による審議を経てなされるものである。先に触れた通り（→Ⅲ2）、条約は法律に優位するものと解されてい

るが、それは、日本国の負う国際法規の誠実遵守義務（憲法98条2項）からのみ説明されるわけではなく、条約が「全国民」の意思に由来する承認を経ていることからも説明される。

2.「全国民の代表」

このように、日本国憲法が、日本社会の基本的なルールを定める資格を法律ないしは国会に認めているのは、法律の制定主体である国会が「全国民の代表」たる議員により構成されており、法律は「全国民」の意思により制定されている、という見方に支えられている（もちろん、この点だけで説明しきれるわけではないが、そこはひとまず脇に置いておこう）。しかし他方で、ことはそう単純ではない。

(1)「全国民」の範囲

まず、「全国民」に含まれない、またはそれと重なるものの一致はしない人的集団はたくさん観念でき、それぞれの集団が日本社会においてそれぞれの利害関心を有しているわけで、そうした「全国民」と一致しない集団の利害は、どのように調整されるのかという問題がある。

一例は「住民」である。「住民」とは、ある地方公共団体の区域内に住所を有する者をいう（地方自治法10条1項）。「住民」は、自らが属する地方公共団体の議会の議員を直接に選挙し（同17条・18条）、その議員からなる（地方）議会が、条例の制定改廃を行う（同96条1号）。しかし他方で、先に見た通り、条例は法律および命令に劣位するものと解されている（→Ⅲ2）。すなわち、「全国民」の意思の表れである法律が、「住民」の意思の表れである条例を覆すことが認められているわけである。

29

「全国民」の一人として見る時と、「住民」の一人として見る時とでは、ある政策決定について、自らの望む政策が異なることもあり得よう。放射性廃棄物の最終処分地について、どこかにそれを置くことが日本にとって必要だとしても、自分の居住する市町村に置くことは承服しがたい、といった意見などを思い浮かべてみてほしい。むしろ国会には、法律を通じて、このような「全国民」と「住民」の利害対立を適切に調整することも求められるというべきであろう（詳しくは、北村・横浜法学を参照されたい。フリーアクセスできる専門文献である）。

(2) 「代表」のあり方

また、「全国民」という人的集団だけを考えてみたとしても、その「全国民」が、具体的な制度の下で本当に適切に代表されているのか、という点も問題となる。

両議院の議員が「全国民」を代表するという理解は、両議院が「選挙された議員で」組織されるという規律と一体となっており（憲法43条1項）、ここでは選挙制度の在り方が大きなポイントになる。例えば、現在の日本で選挙権が認められているのは「年齢満18年以上の者」（公職選挙法9条1項）であるが、その年齢に達していない者も代表される「全国民」に入っているはずで、これらの者の利害はどのようにして代表されるのか。また、公職選挙法は、「拘禁刑以上の刑に処せられ」た者などに選挙権・被選挙権を認めていない（11条1項2号・3号）が、これらの者が日本国籍を剥奪されるわけではないのであり、果たしてこうした者の選挙権・被選挙権の制限はどのように正当化されるのか（実際に訴訟で争われている問題である）。関連して、地域間・世代間の人口ギャップがますます

30

第 2 講　法を通じて世界を見る

大きくなり、人口の多い地域に居住する・人口の少ない世代の「国民」の一票の重みが相対的に低下している（「一票の格差訴訟」や、シルバーデモクラシーといった言葉を聞いたことがある方も多いだろう）が、これを解消するにはどのような仕組みが必要だろうか（『まだ知ら』第 13 講「一人一票の原則を疑う」（瀧川裕英））。

3．国会と裁判所 ─────────────

　以上の考察からも示唆されるように、ルールを巡る法学の考察には、「誰が、どのような手続で、あるルールを定める・べ・き・か」、言い換えれば、「あるルールを誰に（正確には、どのような人的集団に）、どのような手続で作らせる・べ・き・か」という問いが通底している。そして、日本国憲法が、選挙制度法定主義・罪刑法定主義・租税法定主義といった形で、一定の事項については国会が制定する法律による社会のルールの形成を求めているのは、そうしたルールは「全国民の代表」たる両議院の議員が審議して形成す・べ・き・だ、という理念の表れなのだと、ひとまずは言えそうである。

　ところで、Ⅱ 4 では、裁判所も判例で社会のルールを形作ると述べた。裁判所（ないしはそれを構成する裁判官）は「全国民の代表」ではないし、裁判所の審理は国会の審議とは全く異なる手続である。裁判所の作るルールが、憲法や法律の形作るルールとの関係でどのように位置づけられるのかについては、さらに込み入った話になる。『まだ知ら』でも顔を出しているように、既存の法律の解釈論として判例が構築しているルールを法律が明確化したり（「強姦神話」について、第 3 講（和田俊憲））、その限界を突破する手段として法律に期待がかけられたり（労使の自律性確保について、第 6 講（神吉知郁子））、はたまた逆に、裁判所が法律の規定を無効とすることがあっ

31

たり（同性婚について、第2講（沖野眞已））と、ルールの形成にあたっての国会と裁判所との関係は単純なものではない。これは、次に少しだけ触れる「権利」を巡る法学の議論にも関わっているが、残念ながら立ち入る余裕がない。

結びに代えて――法と権利、法学と学問

　本講は、法学という営みの一端を、ひとまず「ルール」という観点から紹介してみた。このようなものの見方は、もちろん、法学の全てではない。以下では、本講とは異なる（ように見えるが実はつながっている）問題の立て方を二つ紹介して、結びに代えたい。

1．権　利

　法（学）と聞いて、本講で取り扱ったような様々なルールではなく、またはそれに加えて、権利・義務のことを思い浮かべた方もいるだろう。権利・義務、ないしは自由や責任といったものは、もちろん法学の重要な対象である（強いて一つだけ参考文献を挙げるなら、私は樋口・国法学をお勧めしたい）。

　ルールとの関係から見ると、権利ないし自由は多様な機能をもっている。権利ないし自由には、①法律などの一定のルールによって定められるもの（損害賠償請求権など）のみならず、むしろ②ルールを定めるための（メタ）ルールを定めるものもある（法律の留保の原則が念頭に置いている「権利」は、それを制約したければ法律の制定を求めるという意味で、「権利」を制約するルールの形式を指定する（メタ）ル

ールである）。さらには、権利ないし自由の機能は、③ルールを覆す
点にもある（憲法が保障する権利ないし自由を侵害する法律が違憲無効と
なる、という局面が典型である）。権利ないし自由を論じるというのは、
①ルールの帰結を論じるというのみならず、②ルールの作り方を指
定する資格、③ルールを覆す資格を、誰に、どのような条件の下で
認めるべきかを論じるものとして、本講の扱ったテーマと密接に関
連している（ヨーロッパには、ルールとしての法を「客観法（droit objec-
tif, objektives Recht）」、権利を「主観法（droit subjectif, subjektives
Recht）」と呼んで、両者が裏腹の問題であることを意識する語用がある）。

2. 法　学

(1)　どういう内容の法を作るべきなのか

　また、法（学）と聞いて、本講で取り扱ったような様々なルール
を思い浮かべた方であっても、まずイメージしたのは、「どういう
中身のルールを作るべきか」という問題であったかもしれない。そ
うだとすると、ここまでの叙述には隔靴掻痒の感があったかもしれ
ない。それもそのはず、ここまで述べてきたことは、すべて、「あ
るルールを誰が、どのような手続で定めるべきか」に関わるもので、
「どういう中身のルールを作るべきか」については、ほとんど述べ
ていないのである。

　もちろん、具体的な社会課題に対して実効的に対応できるような
ルールのあり方を模索するのは、法学の重要な役目である（『まだ知
ら』第9講「ビッグテックの台頭——競争法は機能しているか？」(Simon
Vande Walle) が好例である。かくいう私も普段はそういう研究に従事して
いる）。とはいえ、本講のような議論も法学の一つの型であり、個
人的にはどちらの議論も、我々の社会が「法」ないしはルールを使

いこなすための重要な役割を果たすものだと考えている。

(2)　法学のアプローチ

　また、両輪のいずれに取り組むにせよ、アプローチの仕方も本来多様である。例えば、経済学のものの見方は常に有用である（『まだ知ら』第5講「役員報酬と法」（飯田秀総））し、外国との比較から、自らの法の拠って立つ基盤を確かめる作業も必要である（『まだ知ら』第12講「契約とContract——比較法からパンデミック・オリンピックまで」（溜箭将之））。いずれにせよ、法学は、「法」ないしはルールを、世界を見るための切り口ないしは分析軸として用いる学問であり、社会科学・自然科学・人文学のいずれにもつながる、世界そのものへの知的なアプローチの一つである（参照、飯田・つなぐ）。本書や姉妹本の『まだ知ら』が、そうしたアプローチの実践の場として非常に面白い読み物であることが、本講を通じて少しでも伝われ ばと思う（『まだ知ら』第7講「著作権法の過去・現在・未来」（田村善之）には、Vで紹介したものの見方が全て詰まっている）。

─ 文献案内 ─────────────────
・東京大学法学部「現代と法」委員会編『まだ、法学を知らない君へ——未来をひらく13講』（有斐閣、2022年）
・北村喜宣「放射性廃棄物対応条例の変遷」横浜法学27巻3号（2019年）239頁
・樋口陽一『国法学——人権原論〔補訂〕』（有斐閣、2007年）
・飯田高『法と社会科学をつなぐ』（有斐閣、2016年）

第 3 講　　　　　　　　　　　　　　　　　　　憲　　法

国会のオンライン審議は可能か

宍戸常寿

> 新型コロナウイルス感染症が拡大した時期は、大学の授業や様々な会合がオンラインで行われた。対面での会議を貫いてきた国会でも、緊急事態でオンライン審議をするかどうかが検討されたが、実はもともとこの問題は、妊娠中の女性議員が本会議に参加できるかどうかという形で、その数年前から検討されてきたものでもある。本講では、デジタル化が進む中で、これまでのルールを見直すことの意味と、守るべき価値についても考えてみたい。

はじめに

　衆議院の憲法審査会は、2022 年 3 月 3 日に「憲法第 56 条第 1 項の『出席』の概念について」という文書（以下、本文書）をまとめて、議長に提出している。その全文は次のとおりである。

> 　国会は、国の唯一の立法機関であるとともに全国民を代表する国権の最高機関であり、いかなる事態においても、その機能を果たすことが求められている。

35

憲法審査会においては、「新型コロナ感染症がまん延し、国会議員が議場に集まれなくなる、開会も議決もできない」という、いわゆる緊急事態等が発生した場合の国会機能の維持の一環として、憲法第56条第1項の「出席」の概念について議論を行った。

　まず、令和4年2月10日の討議においてテーマが抽出され、同月17日には衆議院法制局から論点説明を受けた上で集中討議を実施し、同月24日に学識専門家2人に対する参考人質疑を行った上で、3月3日には総括的な討議を実施するなど丁寧な議論を行ったところである。

　この一連の討議において、委員から様々な意見が述べられたが、その意見の大勢は次のようなものであった。
1　憲法第56条第1項の「出席」は、原則的には物理的な出席と解するべきではあるが、国の唯一の立法機関であり、かつ、全国民を代表する国権の最高機関としての機能を維持するため、いわゆる緊急事態が発生した場合等においてどうしても本会議の開催が必要と認められるときは、その機能に着目して、例外的にいわゆる「オンラインによる出席」も含まれると解釈することができる。
2　その根拠については、憲法によって各議院に付与されている議院自律権を援用することができる。

　以上、本審査会における憲法第56条第1項の「出席」の概念に関する議論の大勢について報告する。

本講では、本文書で示された、「国会のオンライン審議」をめぐる議論の経緯を紹介しつつ、憲法の観点から論点を検討してみたい。

国会の本会議をめぐる憲法の規定

　憲法は国の統治の仕組みの基本を定める法であり、その第4章は国会について規定している。本文書で問題とされた憲法56条1項は、次のように定めている。

　　両議院は、各々その総議員の三分の一以上の出席がなければ、議事を開き議決することができない。

　この規定は、国会を構成する衆議院・参議院の会議成立の要件、いわゆる定足数に関するものである。本文書の1は、これまでは、本会議場に物理的に出席することだけではなく、「オンラインによる出席」も憲法56条1項にいう「出席」と見られる場合があること、つまりは国会のオンライン審議が例外的に認められる場合があるとしたものである。
　なお、国会のオンライン審議が認められるかどうかを考える上で関わりのある、他の憲法の規定もここで紹介しておきたい。まず、憲法57条は両議院の本会議を原則として公開すべきことを定めている。
　また、本文書の2は、国会のオンライン審議を認める根拠について、「憲法によって各議院に付与されている議院自律権を援用する

ことができる。」と述べているが、この議院自律権とは、「両議院は、各々その会議その他の手続及び内部の規律に関する規則を定め、又、院内の秩序をみだした議員を懲罰することができる。」とする、憲法58条2項の規定のことを指している。

オンライン審議をめぐる第1ラウンド

1. 産休中の議員の代理投票？

本文書は、新型コロナウイルス感染症のまん延の経験から、「緊急事態等が発生した場合の国会機能の維持の一環」として、国会のオンライン審議を例外的に認めたものである。しかし、国会のオンライン審議をめぐる議論は、それとは異なる文脈で始まった。

日本社会全般に男女の平等の実現が不十分であることがよく指摘されているが、その最も遅れている分野と言われてきたのが政治である。内閣府が2023年に公表した資料によると、国会議員のうち女性議員の占める比率は15.6％（衆議院は10.0％、参議院は26.0％）であり、世界の下院または一院制議会と比較すると、日本の衆議院は190か国中165位となっている。

2018年には、「政治分野における男女共同参画の推進に関する法律」が成立しているが、それと前後して、女性議員に産休と代理投票を認めてはどうかが、政治家の間で検討された。若い女性が国会議員になろうとする場合には、妊娠・出産との関係が問題になり得るが、出産して国会議員としての仕事をさぼっているとか、国会議員を辞めろとか非難されるのであれば、若い女性が国会議員になろ

うと思いもよらないのではないか。通常の職業で産休が認められているように、何らかの手当が必要ではないか、というのは非常に自然な議論である。そこで例えば、女性の議員が産休を取ることを認めつつ、海外の事例を参考に、同じ政党に属する他の議員等が「代理」で投票することを認められないかが、問題になったのである。

この点について、衆議院法制局が何人かの憲法研究者の意見を尋ねたが、その一人であった私は、代理投票制度には憲法上問題が大きいのではないかと考えた。そもそも日本国憲法の下での選挙は、「政党」ではなく「人」を選ぶものである。同じ政党の議員が代理で投票することを認めるということになると、有権者が選んだ「人」でなくてもいい、突き詰めれば議員ではなく政党を選んでいるのだといった、議会制の建前に関わる問題が起きかねない。実際に、代理投票を認める国で、議員の代理を務める人もセットで選挙する例が多いのはそのためではないか。

そうではなく、必要な時になって議員が誰かを代理に指名するとなると、有権者から負託された権限を議員が自分の判断で他人に任せてよいのかということにもなりかねないし、議員の代理ができる人の資格や、本人である議員の意思と代理で投票した人の意思の関係をどう整理するのか、そもそもここで議論されているのは民法にいう「代理」ではないのではないか等々といった、難しい問題が多くあるように思われたのである。

そこで私が衆議院法制局に申し上げたのは、女性議員が自ら、例えば病室からオンラインで遠隔投票した方が、代理投票よりも良いのではないかということであった。インターネットが普及しデジタル化も進む中、遠隔でも本会議に出席して投票しているとみなす、換言すれば本会議の出席について柔軟な運用を考える方が、代理投

票と比べて憲法上のハードルは低いかもしれないと考えたのである。実際に、衆議院法制局が外国の調査をしたところ、スペインでは既に当時から、このような場合に議員がタブレット端末で遠隔投票することを認めているということもわかった。

2．オンライン投票の理由と条件 ─────────

　そこで私も真面目に、遠隔投票を認める理由と条件について考えたのだが、ポイントは次の4点にまとめることができる。

(1)　出席は定足数の要件以上のものではない

　まず、憲法56条1項は、総定数の3分の1以上の議員が「出席」していれば会議が成立すると書いているだけである。そこで、仮に定足数との関係での「出席」が、本会議場での物理的な出席に限定されると解釈するとしても、本会議場に物理的に集まった議員が3分の1を超えれば会議は有効に成立しているのだから、それ以外の物理的には本会議場にいない議員についても、投票を認めるということは可能なのではないか。

(2)　議員の出席を本会議場への物理的な参加に限定する
　　　明文の規定はない

　次に、定足数との関係でも、「出席」を本会議場での物理的な出席に限定されると解釈する必然性はないということである。仮に出席とは国会議事堂に集まることだというルールを日本国憲法が明文で定めているのであれば、そのような解釈はもちろん無理であろう。しかし、日本国憲法の条文はもともと詳細を書ききらない、いわゆる「規律密度」の低い規定スタイルをとっており、したがって、こ

の「出席」についても一定の柔軟な解釈を許容していると考えられるのではないか。

(3) 本会議の運営については議院自律権で決められる

憲法58条2項は議院自律権を認めており、両議院は本会議の運営について規則を定めることができる。そこで両議院が、オンラインで参加する議員がいても会議の運営に支障がないとして遠隔投票を認めるという判断をする、さらにはオンライン参加も憲法上の「出席」とみなすという憲法解釈を採用することも、議院自律権の行使として、認められるべきであろう。

(4) 議会制の原理の枠内でなければならない

他方、いかに議院自律権といっても、どんなにでたらめな運営でも認められるというわけではない。そこは、憲法56条1項という個別の条文だけではなくて、より広く、憲法の全体構造から解釈すべきであろう。

代表・審議・公開の要請が議会制の原理であることは、高校の「公共」や「政治・経済」の教科書でも、触れられている。単にオンラインで投票するというだけではなくて、審議に参加して法案等の議案について考えて、賛成・反対のどちらに投票するかを、最後は全国民を代表する議員（憲法43条1項）が責任を持って判断することが重要であろう。また、憲法57条に書いてあるとおり、全国民の代表としてふさわしい審議をし、投票をしていることが、国民に見える形で公開されなければならない。

例えば、代理投票の具体的な制度として、本会議でどんな討論があっても、この法案に賛成・反対すると議員本人があらかじめ決め

ておいて、それを代理する人が預かって、本会議場で議長に渡すという手順を考えてみよう。これは、最後まで討論を聞かずに、議員が国会の外で自分の立場を決めてしまうということを、制度的に正面から認めることになってしまう。もちろん、現実の政治の場面では、基本的には同じ政党に所属する議員の集まりである「会派」が、所属議員にあらかじめ、この法案に賛成・反対という党議拘束をかけるのがほとんどではあるのだが、しかし、議員が最後まで悩んで、自分の判断を優先させて投票したり退席したりすることもしばしばある。議員同士が議論をした上で、自らの責任で賛成・反対を決めるという議会制の建前を崩すべきではないのではないか。

このように考えると、オンラインで議員が出席し投票するという仕組みの方が、議員が審議に参加して討論を聞いた上で投票行動を決めている点で、代理投票よりも憲法上の問題が少ないのではないか。換言すれば、そのような議員が実質的に審議に参加できること、そして、そのことが公開されていることが確保されているのであれば、憲法上、オンライン審議は可能だと考えられないだろうか。

3. オンライン審議に関する合憲説と違憲説 ─────────

そこで衆議院法制局が、議会制に詳しい7名の憲法研究者に国会のオンライン審議についてヒアリングを実施したところ、違憲説と合憲説に分かれたとのことである。

私を含む合憲論の立場は、特に2(3)で述べた、両議院の本会議の運営のやり方は、それぞれの議院が責任を持って、つまりは議員同士が議論して決める部分が大きいことを重視していた。これに対して違憲説の研究者は、憲法56条1項にいう「出席」とは、言葉の字義どおり、本会議場に出席することである点を強調した。この

ような解釈の対立は、憲法の条文の文理を重視するか、それとも国会に関する憲法の規定の体系を重視するかという違いと見ることができる。

これに加えて、より原理的な観点からオンライン審議の問題点を強調したのが、長谷部恭男教授である。それは、先ほどから出ている「代表」という概念に関わる。憲法43条は、「両議院は、全国民を代表する選挙された議員でこれを組織する。」と定めている。この「代表」について、私は2(4)で述べたとおり、オンライン審議の文脈では、議員同士が議論して、最終的には他の誰でもなく、自分が賛成・反対を決めて投票して、国民、有権者に対してしっかり責任を取ることが大事だ、という意味合いで理解していた。

これに対して長谷部教授は、より強い意味合いで「代表」の概念を理解する。代表は英語にすると represent とか representative であるが、それは「現在」(present) することによって、「全国民」という無形の存在を、今この場にあたかも存在するかのように映し出すという作用を指している、と理解するのである。このような「代表」理解は政治思想として相当な議論の蓄積があるものだが、いま問題にしている論点との関係で言うと、議員は本会議場に物理的に現在することが大事なのであるから、オンライン審議は憲法上認められないという結論になる。それは、憲法56条1項がたまたま会議の定足数として「出席」という言葉を使っているからではなく、憲法が採用する議会制の構造そのものから、認められないのである。

このような国会のオンライン審議をめぐる憲法論がどのように取り扱われたのかは、外部の人間である私にはよくわからないところがあるが、政治の場でも憲法研究者の間に様々な見方があることは参考にされた上で、ひとまずはオンライン審議の採用は見送られた

というのが、新型コロナウイルス感染症がまん延する以前の状況であった。

オンライン審議をめぐる第 2 ラウンド

1. 新型コロナウイルス感染症と議論の再燃

2020年初めから新型コロナウイルス感染症がまん延し、政府が4月7日に東京等に、同月16日には全国に、緊急事態宣言を発令して国民に行動制限を促したが、国会の審議のあり方も、問題にならざるを得なかった。

日本では毎年1月からだいたい6月まで、予算や重要法案をはじめとして、国政の重要な審議・決定を行う、通常国会が開かれる。2020年は新型コロナウイルス感染症という未知の事態に直面して、感染症対策に必要な予算や法案を審議・議決する、政府の感染症対策について質疑する等、国権の最高機関(憲法41条)としての国会の機能の維持・発揮が、これまで以上に求められていた。その反面で、それまでの両議院の本会議の開催方法は、クラスター発生の原因として避けるべきだと指摘された、「3密」(密閉・密集・密接)そのものであった。

そこで衆議院では、4月10日に、会議の運営に関する重要事項を各会派が話し合う場である議院運営委員会理事会が、「緊急事態宣言下の本会議及び委員会の審議のあり方について」という申し合わせをした。その内容は、本会議については、① 議案の採決はこれまでどおり全議員が本会議場に出席して行う、② 採決以外の議

事については、定足数に留意しつつ、各会派が出席議員を調整する、出席しない議員は国会の建物内等で院内テレビ中継を見る、③　議案の討論終了後、議長が 10 分後に採決することを宣言するので、その間に出席していなかった議員も本会議場に集まる、というものであった。要するに、会派ごとに出席・欠席する議員を割り当てて「密」を避けよう、投票の時だけみんな集まろう、という運用を考え出したのである。

　これはいかにも日本的なやり方であるが、日本よりも膨大な感染者数が出て大騒ぎになっている国々でも、議会の機能を維持するための様々な対応が取られてきた。何よりも議会制の母国でありモデルとされてきたイギリスの下院が、歴史上初めて Zoom を導入して会議をしたことは、大きな衝撃を与えた。イギリスの他にも、衆議院法制局が調べたところでは、カナダ、アメリカ、フランスの下院等でオンライン審議・投票や代理投票の仕組みが用いられた。

　このような国際動向が明らかになるにつれて、日本でも再び、メディアや政治の場で、国会のオンライン審議の是非が再び議論されるようになった。

2.　衆議院憲法審査会での議論 ─────────

　2022 年に入ると、衆議院の憲法審査会で国会のオンライン審議が取り上げられることになる。2 月 17 日にはオンライン審議は現行憲法の下で可能かどうかについて各党の意見表明があり、24 日には参考人として高橋和之教授が反対、只野雅人教授が賛成の意見を述べた。それを踏まえて衆議院憲法審査会が 3 月 3 日に取りまとめたのが本文書（I）である。なお、同年 3 月 23 日には、ウクライナのゼレンスキー大統領が国会議員に対してオンライン形式の演

説を行ったが、これは国会としての正式な会議ではない。

　私自身がオンライン審議賛成の立場なので、ここでは高橋教授の意見のポイントを紹介しておきたい。高橋教授は憲法の条文の解釈の仕方として、56条1項の「出席」という文言を重く見るべきであることに加えて、オンライン審議という制度の導入を正当化できる「立法事実」はないと指摘した。現実に新型コロナウイルス感染症の最中でも国会は活動をしたし、いざとなれば2020年の通常国会の時のように出席者数を各会派で調整する等の運用で対処できるのではないかということである。高橋教授はまた、オンライン審議の際のサイバーセキュリティについても懸念を表明している。

3. 実践的な賢慮からの例外的許容説 ─────

　参議院の憲法審査会でも、国会のオンライン審議について、2022年4月6日に長谷部教授と赤坂幸一教授の参考人意見聴取があった。その際、「代表」概念からオンライン審議に批判的な長谷部教授（Ⅲ3）が、新型コロナウイルス感染症以上の重大な事態では例外的に憲法の下で可能であると述べたことが、注目された。

　長谷部教授は、国会としての最低限の機能すら果たせないほどの異常な事態が発生した状況においても、憲法を改正しなければオンライン審議を認めないということは、良識に反し、憲法解釈のあり方として適切ではないと主張した。換言すると、オンライン審議を認めない限り国会としての最低限の機能をも果たせない極めて例外的な事情が客観的に認定される場合であれば、必要最小限の範囲内において認めることはあり得るとの立場を取ったものである。

　この長谷部教授の見解は、広い意味ではオンライン審議があり得るという立場に改説したというよりも、本当に極限的な事例であれ

ば例外中の例外を認めるという実践的な賢慮（jurisprudence）を働かせつつ、原理的な考察からの否定説を維持したものと評価すべきであろう。

国会のオンライン審議をめぐる論点

1．論点の整理

ここまで、私自身も当事者の一人であるが、公開の情報や既に報道されていることをベースに、国会のオンライン審議をめぐる経緯を紹介してきた。後掲の文献案内に挙げた衆議院憲法審査会の資料は、この問題に関する論点を

① 憲法56条1項の「出席」の意味
② オンライン審議を認めるための方策
③ オンライン審議の制度設計に関する基本的考え方
④ 具体的な制度設計の条件・論点

の4つに分かりやすく整理している。

この資料の中では、オンラインでの出席を憲法56条1項の「出席」と認めることができる場合があるという私のような立場は「機能的出席説」と呼ばれて、伝統的な「物理的出席説」に対抗する新しい有力説と評価されている（①）。そして、機能的出席説に立つ場合には、憲法改正を要せず議院規則の改正によって本会議のオンライン審議を認めることができると整理されている（②）。もっとも、オンライン審議の制度を、予算の手当てを含めて安定的に運用するのであれば、両議院が定める規則ではなく、国会法という法律

で決めた方が良いのかもしれない。

2. オンライン審議の基本的な制度設計と具体的な論点 ──

オンライン審議を認める場合の基本的な制度設計（③）については、「機能的出席説」の論者は私自身も含めて、本会議は対面が原則であり、オンライン審議は例外として認めるべきだとの立場を取っている。それは、全国民の代表が一堂に会して熟議をするのが議会の本来あるべき姿と考えられるからである。

オンライン審議をめぐる議論の経緯では、第１ラウンド（Ⅲ）と第２ラウンド（Ⅳ）で、別の事由が問題になっていた。前者は特定の議員の権限行使の保障が、後者では緊急事態における国会機能の維持が念頭に置かれていた。前者について言えば、出産前後の女性議員、障害のある議員といった属性による少数者が、本会議の審議に積極的に参加できる環境を整備することに対して反対する人は少ないと思われるが、問題はそれが憲法解釈として可能と考えるかどうかであろう。

後者の緊急事態としては、大規模な感染症のほか、全国的大災害による交通機能の停止により、全議員が本会議場に参集することに支障がある場合等が考えられる。そしてその状況により、例えば国会の委員会室等に議員が分散して集まる形を採るか、遠隔地から議員がそれぞれオンラインで参加する形を採るか等のバリエーションが考えられる。

このようなオンライン参加者の参加する場所も含めて、本人性（セキュリティ）の確保、「出席」とみなせるだけの双方向性の実現、憲法 57 条が要請する会議の公開、オンライン出席者に投票以外の権限を認めるか等の様々な実務的な論点が、衆議院憲法審査会の資

料には挙げられている（④）。換言すれば、私を含めた機能的出席説の立場は、憲法解釈としてオンライン審議が可能である場合があるというだけで、例えば傍聴人に対する公開の要請が満たされない形で議員がオンライン参加するのであれば、憲法から見ても現実的にもオンライン審議は導入すべきでないという結論になることも、確認しておきたい。

3. 社会全体の DX と国会のオンライン審議

なお、第1ラウンドと第2ラウンドの間で、私自身の議論の力点も若干の変化があった。新型コロナウイルス感染症のまん延に対して、デジタルテクノロジーの活用について日本が他国と比べて遅れているという意識の下、社会全体のデジタルトランスフォーメーション（DX）の推進が重要な政策課題となった。これを受けて2021年5月にはデジタル社会形成基本法などのデジタル改革関連5法が成立し、9月にはDXの司令塔としてデジタル庁が設置された。

そのデジタル改革関連5法案を参議院内閣委員会が審議している2021年5月6日、私は主に個人情報保護について意見を述べるために参考人として呼ばれたが、国会のオンライン審議についても質問をいただき、予定外だったので慌てながらであるが、次のように答えた。

「私自身は、オンライン議会の開催というものに積極的に検討するべきではないかというふうな立場で、恐らく憲法研究者の中ではまだ少数かもしれませんが、そのように考えております。何よりも、現在のコロナ禍においてもそうですけれども、議会が開催され、そこで政治の、政策を担当されている当局者の人たちに

国民を代表して例えば質問をぶつけたり、政策を議論し、また立法や予算を可決されたりという、政策を形成し、あるいは政府を監視するという議会の機能というものが維持されるということが極めて重要だと考えております。また、社会全体の多様性が増してくる中で、議会により多様な方々が様々な形で参画し、そして議会の機能を高めていくということが、民主主義の発展であったり、さらには幅広い、若者も、若い世代も含めた国民の政治への関心というものを深める、そういったきっかけになるというふうに考えております。そうした観点から見ますと、例えば、こちら国会について申しますと、本会議について出席という規定が憲法上あることから、必ず本会議場に国会議員は出席しなければいけないんだというふうな解釈もあるにはあるのですが、私はそこは、議院自律権を発動していただくと同時に、出席とみなせるような審議への参加というものがデジタルテクノロジーを使って実現できるのであれば、それを出席と認めるということは可能なのではないかと。そういった観点から、現実にそういうことが可能かどうかを含めて、テクノロジーの意義と限界と、今の技術で可能かどうかと、こういったことも検討いただいたらいいのではないかというのが持論でございます。」

　読んでいただければ、社会全体の DX が進められる中で、政治それ自身も変わらなければならず、オンライン審議が、国会ないし立法の DX のきっかけになるとよいのではないかと、私が考えていることが伝わるかと思う。
　その後、2024 年の通常国会では、衆議院で各会派の代表者が、国会のデジタル化について協議を行い、委員会質疑で参考人がオン

ラインで出席することを認めるよう、衆議院規制が改正された。憲法が「出席」や「公開」を定めているのは両議院の本会議だけで、そもそも委員会制度そのものが、憲法ではなく国会法という法律が定めた仕組みである。本会議よりも委員会の方が、憲法解釈にこだわらずに、オンライン審議が現実に可能かどうか試すのにふさわしいだろう。

しばしば地方自治は民主主義の実験場といわれるが、オンライン審議についてより具体的な検討や実践が進んでいるのが、地方議会である。総務省の調査によると 2023 年 1 月時点で、委員会のオンライン出席が可能となるように条例等を改正した地方公共団体は 17.0％（全団体 1788 中 304 団体）であり、既に議員が委員会にオンライン出席したことのある議会は 5.9％（106 団体）となっている。文献案内に挙げた、全国都道府県議会議長会の設置した委員会の報告書は、委員会だけでなく本会議についてもオンライン審議の課題を丁寧に検討しており、国会のオンライン審議を考える上でも参考になる。

むすびに

テクノロジーの発達と普及により、それまで不可能だったことが可能になり、新たな課題も生じれば、新たな解決も考えられるのではないかということが、あらゆる法学の分野で問題となっている。本講は、憲法におけるその一例として、国会のオンライン審議を取り上げた。

しかし、何でもテクノロジーに追随すればよいというのではなくて、法学としては、デジタル化しても守らなければいけない価値や原則とは何かが問題となる。憲法の文言の通常の理解を重視する解釈の方法を採るか、議会制の審議・公開の要請を守るべきか、「代表」のあり方を維持すべきか、緊急事態において国会の機能を確保することが大切と考えるか、それらが研究者によって異なり、そこから学説や解釈の分岐が生じるという実例を、本講は示したつもりである。

　なお、国会のオンライン審議をめぐる問題は、実は「決め方」を誰が決めるのかという問いでもある。国会議員自身が決める（決めない）のでよいのか、国民投票で決めるのかという論点はその一つである。また、憲法上の論点が政治・行政で問題になる場合でも、憲法研究者の意見が意味のある形で聴かれることは少なく、国会のオンライン審議は比較的珍しい事例だった。具体的な仕組みを作ろうとすれば、政治学の研究者や、セキュリティの専門家等の様々な知見を集め、それらと法学の議論をうまくつなぎ合わせることも必要になってくる。最後に決めるのは誰か、そして決める前提として、誰からどのような意見を聴くのかは、法学にとって（も）大事な点であることを、最後に指摘しておきたい。

── 文献案内 ────────────────────
・衆議院憲法審査会事務局「衆憲資第 97 号『国会におけるオンライン審議の導入』に関する資料」（2022 年）
https://www.shugiin.go.jp/internet/itdb_kenpou.nsf/html/kenpou/shukenshi097.pdf/$File/shukenshi097.pdf

第 3 講　国会のオンライン審議は可能か

・「都道府県議会デジタル化専門委員会報告書」（2021 年）
　https://www.gichokai.gr.jp/attach/b13/report_030625.pdf
・山本龍彦ほか編著『国会実務と憲法——日本政治の「岩盤」を診る』
　（日本評論社、2024 年）

第4講　　　　　　　　　　　　　　　　刑事訴訟法・少年法

18歳、19歳の者は大人か？　子どもか？

成瀬　剛

　読者の皆さんは、「大人と子どもは、一定の年齢（18歳または20歳）で、一律に区別される」と考えているかもしれない。ところが、法律の世界では、そのような一律の基準は採用されておらず、「18歳、19歳の者は大人か？　子どもか？」という単純な問いに答えることが実は難しい。
　そこで、本講では、18歳、19歳の者が犯罪を行った場合に適用される少年法に焦点を当てて、民法との整合性も意識しつつ、この問いについて検討してみたい。

問題の所在

1．18歳、19歳の者ができること、できないこと

　法律の世界では、①（17歳以下の者はできないが、）18歳、19歳の者はできることと、②（20歳以上の者はできるが、）18歳、19歳の者はできないことの両方が存在する。主なものをまとめると、次頁の表のようになる。

第 4 講　18 歳、19 歳の者は大人か？　子どもか？

〈18 歳、19 歳の者ができること、できないこと〉

① 18 歳、19 歳の者ができること	② 18 歳、19 歳の者ができないこと
憲法改正の国民投票ができる〔憲法 96 条 1 項、日本国憲法の改正手続に関する法律 3 条〕	飲酒できない〔二十歳未満ノ者ノ飲酒ノ禁止ニ関スル法律 1 条 1 項〕
国政選挙、地方選挙で投票できる〔公職選挙法 9 条 1 項、2 項〕	喫煙できない〔二十歳未満ノ者ノ喫煙ノ禁止ニ関スル法律 1 条〕
保護者の同意なく契約することができる〔民法 4 条、5 条 1 項参照〕	公営ギャンブル（競馬・競輪等）はできない〔競馬法 28 条、自転車競技法 9 条〕
結婚することができる〔民法 731 条〕	養子を迎えることはできない〔民法 817 条の 4 参照〕
普通自動車運転免許証を取得できる〔道交 88 条 1 項 1 号参照〕	
深夜の時間帯（午後 10 時〜午前 5 時）に働くことができる〔労基 61 条 1 項参照〕	

　このように、法律は、ある場面では 18 歳、19 歳の者を大人として扱い、別の場面では 18 歳、19 歳の者を子どもとして扱っている。

2. 民法と少年法の比較

　以下では、人の基本的地位や権利・義務を定める一般法である民法と、子どもが犯罪を行った場合に適用される少年法に焦点を絞り、18 歳、19 歳の者の法的位置づけについて、さらに詳しく見てみよう。

55

(1) 民　法

4条　年齢18歳をもって、成年とする。
818条1項　成年に達しない子は、父母の親権に服する。

　現在の民法4条によれば、18歳以上の者は、成年である。従前は、20歳をもって成年とされていたが、平成30年に成年年齢を18歳に引き下げる民法改正が実現し、同改正が令和4年4月から施行されている。民法818条1項は、未成年の子どもは父母の親権に服すると規定しているが（親権とは、子の利益のために、子の監護・教育をする権利・義務をいう。民法820条）、18歳、19歳の者は成年であるため、父母の親権に服さない。

(2) 少年法

第1章　総則
　2条1項　この法律において「少年」とは、20歳に満たない者をいう。
第5章　特定少年の特例
　62条1項　家庭裁判所は、特定少年（18歳以上の少年をいう。以下同じ。）に係る事件については、……。

　これに対し、少年法2条1項は、20歳に満たない者を「少年」と定義しており、18歳以上の者を「成年」と定義している民法と対照的である。もっとも、少年法は、62条1項において、「18歳以上の少年」、すなわち、18歳、19歳の者を「特定少年」と定義し、第5章において、特定少年に対する特例を複数定めている。このように、少年法においては、18歳、19歳の者が、20歳以上の者とも、

第4講　18歳、19歳の者は大人か？　子どもか？

17歳以下の者とも異なる取扱いをされている。

3.　検討課題・検討順序

　18歳、19歳の者を「成年」と定義する民法と「少年」と定義する少年法は、果たして整合しているのだろうか。また、民法が成年者（大人）と未成年者（子ども）という二分法で制度を構築しているのに対し、少年法が大人と子どもの単純な二分法に依拠していないのはなぜだろうか。これら2つの課題を検討するには、そもそも、大人が犯罪を行った場合と子どもが犯罪（非行）を行った場合で、手続や処分がどのように異なるかを理解しておく必要がある。

　※刑法41条は「14歳に満たない者の行為は、罰しない」と規定しているが、少年法は14歳未満の者が刑罰法令に触れる行為をした場合（例えば、小学生が万引きをした場合）にも適用される（少年法3条1項2号）。このように少年法は「犯罪」とならない行為にも適用されるので、以後、少年法について述べる際は、「犯罪」ではなく、「非行」という言葉を用いる。

　そこで、以下では、まず、大人に対する刑事手続と子どもに対する少年保護手続を比較した上で（Ⅱ）、特定少年に対する特例を創設した令和3年の少年法改正について検討し（Ⅲ）、最後に、少年法と民法の整合性、および、大人と子どもの二分法に依拠しない少年法の合理性について考えたい（Ⅳ）。

Ⅱ

刑事手続と少年保護手続の比較

1. 手続の流れの比較
(1) 刑事手続

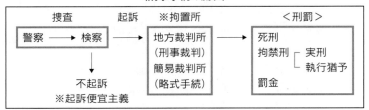

〈刑事手続の流れ〉

　大人が犯罪を行った場合には、刑事手続が進行する（上記の図も参照）。まず、第一次捜査機関である警察が犯罪の捜査を行い、その後、検察官（法律家）も捜査に関与する。捜査を遂げると、検察官は、当該事件を起訴するか不起訴にするかを決めることになるが、その際、以下の2つの判断をしなければならない。

　第1は、当該事件について有罪判決を得られるだけの十分な証拠が集まっているかという判断である。日本では、検察官が有罪判決を得られるという確信を抱いた事件のみ起訴する運用になっており、証拠が足りない場合は、嫌疑不十分という理由で不起訴にする。

　第2は、当該事件を起訴する価値があるかという判断である。検察官は、起訴すれば確実に有罪判決を得られる事件であっても、犯

第4講　18歳、19歳の者は大人か？　子どもか？

罪の軽重や前科の有無、被害弁償や被疑者の反省など諸般の事情を考慮して、あえて不起訴にすることができる。これを起訴便宜主義という（刑訴248条）。

　例えば、21歳の大学生が、刑事訴訟法の単位を落とした腹いせに、コンビニで万引きをして、店員に現行犯逮捕されたとしよう（刑訴212条1項、213条）。ここで、店員の供述や防犯カメラの映像、被疑者（大学生）の自白などの証拠が揃っており、起訴すれば確実に有罪判決を得られるとしても、将来ある若者を刑事裁判にかけて前科者にし、大学を中退させることが望ましいだろうか。むしろ、検察官がきちんと叱責をして、本人に十分反省させた上で、起訴せず早期に刑事手続を打ち切った方が、将来、真面目に活躍する社会人になるのではないだろうか。このように考えると、検察官が確実に有罪判決を得られる事件をあえて不起訴にすること（起訴猶予処分）は、被疑者本人の更生を促し、再犯を防止するという意味で、刑事政策的に望ましいといえる。日本の検察官は、この起訴猶予権限を積極的に行使しており、検察官が有罪判決を得られると考えた刑法犯事件のうち、5割強の事件が起訴猶予処分となっている。

　以上のような2段階の判断を経て、検察官が当該事件を起訴した場合には、被疑者は被告人という地位に変わり、刑事裁判が始まる。被告人が逃亡や証拠の隠滅をしないようにするため身体を拘束される場合には、拘置所という大規模な施設に収容される。

　一般事件の場合は、地方裁判所において、刑罰を求める検察官と、被告人を擁護する弁護人が公判廷で主張・立証を展開する刑事裁判が行われる。これに対し、軽微事件の場合は、簡易裁判所における略式手続の対象となり、簡潔な書面審理が行われる。

　いずれかの手続を経て、裁判官（重大事件の場合には、裁判官＋裁

59

判員）が、起訴された事件について合理的な疑いを入れない程度の証明がなされたと判断した場合には、被告人に刑罰が科される。我が国の極刑は死刑であるが（刑法11条）、実務において死刑判決が下されるのは極めて重大な犯罪だけであるため、地方裁判所で審理される事件の大部分では、拘禁刑や罰金が科される。ここで宣告される拘禁刑には、直ちに刑務所に収容される「実刑」と、ひとまず社会に戻ることが許される「執行猶予」の2種類がある。例えば、「拘禁刑1年、執行猶予3年」という判決が下された場合、被告人は刑務所に行くことなく、社会に戻ることが許されるが、仮に猶予期間中（3年間）に再度犯罪を行った場合は、新たに行った犯罪の分の拘禁刑に加えて、猶予されていた1年の拘禁刑も合わせて執行されることになり、長い期間、刑務所に収容される。このような帰結を事前に提示して再犯をしないよう警告し、社会内での自主的な更生を促すのが執行猶予である。他方、簡易裁判所における略式手続では、罰金が科される。

　※拘禁刑は、令和4年の刑法改正により、従来の懲役と禁錮に代えて新たに創設された刑罰であり（刑法12条）、令和7年6月1日に施行される。

(2)　少年保護手続

　少年が非行を行った場合でも、捜査段階は大人の手続とほとんど変わらない（次頁の図も参照）。もっとも、被疑者が少年である場合には、検察官に起訴猶予権限が与えられておらず、犯罪の嫌疑がある事件は全て家庭裁判所に送致しなければならない。これを全件送致主義という（少年法42条1項）。

第4講　18歳、19歳の者は大人か？　子どもか？

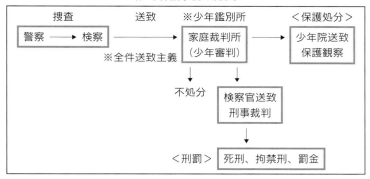

　事件の送致後、少年に対して様々な調査や働きかけが行われる。まず、少年が身体を拘束される場合には、拘置所ではなく、少年鑑別所という特別な施設に収容される。少年鑑別所では、法務教官が少年の行動を24時間観察し、法務技官が種々の心理検査を行うことにより、少年の心身の状態を鑑別し、非行に至った生物学的要因を探求する。また、家庭裁判所の調査官は、少年・保護者との面談や学校の担任教師への聞き取りなどを通じて、少年の成育歴や家庭環境・教育環境等を調査し、非行に至った環境的要因を探求する。

　これらの調査結果を踏まえ、家庭裁判所において少年審判が行われる。少年審判の参加者は、裁判官、家裁調査官、少年、付添人（刑事弁護人と類似する役割を果たす）、保護者である。

　少年審判後に下される処分には、様々なものがある。裁判官が、少年は十分に反省しており、一人で立ち直れると判断した場合には、何も処分をせずに手続を終了させることができる（不処分）。他方、殺人などの非常に重大な事件については、検察官に事件を送り返して（検察官送致。「逆送」とも呼ばれる）、刑事裁判にかける道も用意

61

されており、その場合には、刑罰である拘禁刑等が科される。それ以外の事件は保護処分となり、少年院送致または保護観察を言い渡される少年が多い。少年院では、刑務作業を中心とする刑務所と異なり、少年達が小グループで法務教官とともに寮生活をしながら、今後、犯罪を繰り返すことなく社会で暮らしていくための基礎学力や生活力を身につけるための教育を受ける。他方、保護観察となった場合には、少年が、月に1、2回、保護司（犯罪や非行をした人の立ち直りを地域で支える民間ボランティア）と面談をして、社会生活全般について指導や助言を受ける。

2. 刑事裁判と少年審判の比較 ─────────

次に、刑事裁判と少年審判を比較してみよう（次頁の表も参照）。

刑事裁判の目的は、刑罰法令の適正な適用実現である（刑訴1条）。そして、刑事裁判により科される刑罰（死刑や拘禁刑など）の第一義的な目的は、国家が、過去の犯罪行為について非難を加え、犯罪者に対し一定の害悪（刑務所収容による行動の自由の制限等）を付与することである（応報）。ただし、刑罰の目的には、犯罪者の立ち直りを促すことも含まれる（改善更生・再犯防止）。

このように、刑事裁判は、国家が被告人に対して非難を加え、究極的にはその生命まで奪おうとする峻厳な手続であるから、国家権力の監視や抑制が重視される。そのため、裁判手続は公開されており（憲法82条1項）、国民が国家権力の行使過程を監視できるようにするとともに、国民の知る権利にも奉仕している。また、刑罰権の行使を求める検察官と、それを争う被告人・弁護人という対立構造の下で審理を行い（当事者主義）、裁判官（＋裁判員）は中立的な立場で有罪・無罪や量刑について判断する仕組みを採用することに

第4講　18歳、19歳の者は大人か？　子どもか？

〈刑事裁判と少年審判の比較〉

	刑事裁判	少年審判
目的	刑罰法令の適正な適用実現 ：犯した罪に対する報い 　（応報） ＋犯罪者の立ち直り 　（改善更生・再犯防止）	少年の健全育成 ：非行少年の立ち直り 　（改善更生・再犯防止）
公開・ 非公開	公開：公権力の監視、 　　　国民の知る権利	非公開：少年の情操保護、要 　　　　保護性の審理 　　　　cf 推知報道の禁止
関係者	裁判官（＋裁判員）、検察官、 弁護人、被告人	裁判官、家裁調査官、付添人、 保護者、少年
進め方	検察官と弁護人の主導 （当事者主義） ：厳粛な手続	裁判所の主導（職権主義） ：懇切を旨とし、和やかに
処分	刑罰（死刑、拘禁刑、罰金な ど）	保護処分（少年院送致、保護 観察など）

より、国家刑罰権の行き過ぎを防ごうとしている。

　これに対して、少年審判の目的は、少年の健全育成である（少年法1条）。刑罰が過去の犯罪行為に対して非難を加えることを主な目的としているのに対して、少年審判により課される保護処分（少年院送致や保護観察など）は専ら未来志向であり、非行少年を立ち直らせ、再非行を防止することを目的としている。この発想が、少年審判の様々な面にも現れている。

　まず、少年の非行が世間に広く知られてしまうと、少年の立ち直りを阻害するため、少年審判は非公開とされている（少年法22条2項）。同様の趣旨で、非行少年の推知報道（実名報道）も禁止されている（少年法61条）。少年審判では、家裁調査官や少年鑑別所の法

務教官・法務技官が調査した少年の成育歴や家庭環境（例えば、非行少年の出生の秘密や、親から虐待を受けた経験など）も審理の対象となるため（これを要保護性の審理という）、この点からも一般人に傍聴させることは適切でなく、手続を非公開とする必要がある。

　また、少年審判には、裁判官と少年の他に、家裁調査官や付添人、保護者も参加して、少年の将来を共に考える手続になっている（刑事裁判と異なり、検察官は原則として出席しない）。審理は裁判官が主導して（職権主義）、1対1で少年と対話することになるが、「懇切を旨として、和やかに行うとともに、非行のある少年に対し自己の非行について内省を促すものとしなければならない」（少年法22条1項）。

3. 介入の正当化根拠の比較

　最後に、刑事手続と少年保護手続において、国家が個人に介入することを正当化する根拠も比較しておこう。

　大人については、個人の自律（自分のことは自分で決めて行動できるという考え方）が尊重されるため、国家は原則として大人の意思決定や行動に介入することはできない。それゆえ、刑事手続において国家が大人に刑罰を科す根拠は、侵害原理に求められる。侵害原理とは、個人の自律の原則を前提としつつ、人が他人の権利や自由を侵害した場合には、その責任の範囲内で、例外的に国家が犯罪を行った人の権利や自由を制約することも許されるという考え方である。

　これに対して、少年保護手続において国家が少年に保護処分を課す根拠は、侵害原理ではなく、保護原理（パターナリズム）である。保護原理とは、少年が一般に未成熟で可塑性に富む（すなわち、働きかけ次第で、良い方向に変化する可能性が高い）存在であるため、本

第４講　18歳、19歳の者は大人か？　子どもか？

人の将来の利益を考慮して、国家が後見的に介入するという考え方
である。

　少年法の世界では、保護原理と似た考え方として国親思想（パレ
ンス・パトリエ）という言葉もよく使われる。国親思想とは、子ど
もは、本来、父母に育てられて成長していく存在であり、父母が子
どもの利益を考える役割を担うものであるが、父母による監護・教
育がうまく機能しない場合には、父母（親）に代わって、国家が子
どもの利益のために後見的介入をするという考え方である。

　　※近時は、保護処分の正当化根拠として侵害原理も併用すべきという見
　　解が有力であるが、その見解においても、保護処分の第一義的な正当化
　　根拠は保護原理であると理解されている。

　このように、少年の将来の利益のために、国家が後見的に介入す
るという考え方に立つならば、少年が過去に非行を行ったことは、
保護処分を課すための必須の要件ではなくなる。現に、少年法は、
未だ非行を行ってはいないものの、今後、特定の非行を行う危険性
が高い少年（虞犯少年）に対しても保護処分を課すことを認めてい
る（少年法３条１項３号）。

　また、保護処分の正当化根拠を保護原理に求める以上、侵害原理
に基づいて科される刑罰と異なり、保護処分による権利・自由の制
約を、少年が行った非行の責任の範囲内に留めなければならないと
いう要請も存在しない。それゆえ、少年の将来のために必要であれ
ば、軽微な非行を行った少年に対して、権利・自由の制約が大きい
少年院送致処分をすることも（理論上は）許される。

65

Ⅲ

令和 3 年の少年法改正

1. 少年法改正の難しさ

以上のような刑事手続と少年保護手続の違いを踏まえて、犯罪（非行）を行った 18 歳、19 歳の者をどのように取り扱うべきであろうか。

一方では、民法の成年年齢が 20 歳から 18 歳に引き下げられ、18 歳、19 歳の者は父母の親権に服さない自律的な主体であると法的に位置づけられた以上（Ⅰ2（1）参照）、このような自律的な主体に対して、国家が、保護原理や国親思想という根拠に基づき、本人の利益のため保護処分を課して後見的に介入することは許されないのではないかという疑問が生じる。

他方で、実態としては、18 歳、19 歳の者はまだ未成熟で、成長発達途上の存在である。そして、これまで、少年保護手続が 18 歳、19 歳の者にも有効に機能していた（18 歳、19 歳の者の改善更生・再犯防止に役立っていた）ことは、関係者の共通認識となっている。それにもかかわらず、少年法の適用対象年齢を単純に 18 歳未満に引き下げてしまうと、非行を行った 18 歳、19 歳の者に対してこれまで実施されてきた、家庭裁判所の裁判官・調査官や少年鑑別所の法務教官・法務技官による調査・働きかけや、少年院や保護観察における有効な指導処遇が一切できなくなってしまうおそれが生じる。

このことを明らかにするため、18 歳、19 歳の者による犯罪を全て刑事手続で処理するとした場合にどのような帰結になるかを考えてみよう（Ⅱ1（1）参照）。まず、刑事手続においては、起訴・不

第4講　18歳、19歳の者は大人か？　子どもか？

起訴を決定する段階で起訴便宜主義が妥当するため、半数以上の事件は検察官限りの判断で不起訴となってしまう。次に、起訴されたとしても、多くの軽微事件は、略式手続により、簡易裁判所の書面審理を経て罰金を支払うだけで終わってしまう。また、正式な刑事裁判にかけられたとしても、それが被告人にとって初めての刑事裁判である場合には、単純な執行猶予になることが多いため、社会内で改善更生を助けてくれる人（保護司）はいない。さらに、実刑になったとしても、大規模な刑務所に収容されて、刑務作業中心の生活を送ることになるため、少年院のような24時間体制の手厚い処遇は望めない。

　このように、親権に服さない者に対して国家が保護原理で介入することの理論的正当性が問われる一方で、単純に刑事手続にのせてしまった場合の刑事政策上のデメリットも大きいため、犯罪（非行）を行った18歳、19歳の者をどのように取り扱うべきか、すなわち、少年法をどのように改正すべきかは、難しい課題といえる。

2．改正方針

　そのため、少年法改正に至るまでの議論は紆余曲折を経たが、最終的には、18歳、19歳の者が有する二面性を踏まえ、17歳以下の者とも、20歳以上の者とも異なる取扱いをすべきという改正方針に落ち着いた。ここで18歳、19歳の者が有する二面性とは、第1に、民法上の成年として、父母の親権に服さない自律的な存在であること、第2に、類型的に未成熟で成長発達途上にあり、可塑性を有する存在であることを指す。

67

3. 改正内容

上記の改正方針に従って、令和3年に少年法が改正された。その内容は、従前の取扱いを維持した事項と、18歳、19歳の者（特定少年）に対する特例を設けた事項の2つに分けられる。

(1) 従前の取扱いを維持した事項

18歳、19歳の者が有する二面性のうち、第2の側面（類型的に未成熟で可塑性を有する存在）は17歳以下の者と同様であることから、従前の取扱いを維持している事項も多い。

まず、18歳、19歳の者は、引き続き、少年法上の「少年」と位置づけられており（少年法2条1項）、少年法の目的である少年の健全育成（立ち直り）も妥当する。よって、特定少年に課される保護処分（少年法64条）は、専ら少年の改善更生・再犯防止を目的とするものであり、非難の意味は含まれない。

また、手続としても、18歳、19歳の者による非行は、IIで検討した刑事手続と少年保護手続のうち、基本的に少年保護手続で対応することになっている。具体的には、検察官が18歳、19歳の者による非行を起訴便宜主義に基づき不起訴処分にすることは許されず、全ての事件を家庭裁判所に送致しなければならない。この意味で、家庭裁判所が全ての事件の処分を決める仕組みが維持されており、その過程では、家庭裁判所の裁判官・調査官、少年鑑別所の法務教官・法務技官が18歳、19歳の者に対して調査を実施し、更生に向けた働きかけを行うことが予定されている。

さらに、最終的に下される処分についても、応報として過去の行為を非難する刑罰ではなく、専ら少年の将来を考慮して改善・更生を促す保護処分が優先的に選択される仕組みになっている。

第4講　18歳、19歳の者は大人か？　子どもか？

(2)　特定少年に対する特例を設けた事項

　他方で、18歳、19歳の者が有する第1の側面（民法上の成年として、父母の親権に服さない自律的な存在）を踏まえて、特定少年に対する特例も複数設けられている。

　第1に、従前の少年法においても、16歳以上の少年が特に凶悪な重大事件（例えば、殺人罪）を起こした場合には、家庭裁判所は、原則として検察官に事件を送致し（逆送）、刑事裁判を経て、刑罰を科すこととされていたが（少年法20条2項）、特定少年については、原則として検察官送致とすべき事件の範囲が拡大されている。具体的には、死刑か無期または短期1年以上の拘禁刑に当たる罪（例えば、不同意性交等罪や強盗罪）を犯した18歳、19歳の者は、原則として、20歳以上の者と同様に、刑事裁判にかけられ、刑罰を科されることとなった（少年法62条2項）。これは、18歳、19歳の者が重大犯罪を行った場合には、責任ある自律的主体としての立場に相応しい刑罰を受けるべきであり、それが担保されなければ、被害者を含む国民の刑事司法に対する理解・信頼を維持できないと考えられたことによる。

　第2に、親権に服さない18歳、19歳の者に対して、国家が保護原理・国親思想に基づいて介入することは許されないため、18歳、19歳の者が非行を行った場合に保護処分を課す正当化根拠は侵害原理だけであると整理された。そのため、特定少年に対する保護処分について、下記の2つの制限が設けられている。

　1つ目は、特定少年に課す保護処分の不利益性が、犯した非行の責任の大きさを超えてはならないという制限である（少年法64条1項〜3項の「犯情の軽重を考慮して」という文言がこの制限を表している）。専ら少年を改善更生する目的で課される保護処分であったとしても、

69

少年院収容を想起すれば明らかなように、特定少年の権利・自由を制約する。それゆえ、その不利益の程度は、侵害原理に基づき、犯した非行の責任の範囲内に留めなければならない。

2つ目は、特定少年には虞犯規定を適用できないという制限である（少年法65条1項）。虞犯は、将来、特定の非行を行う危険性が高いだけであって、実際に非行（他人の権利・自由の侵害）を行ったわけではないので（Ⅱ3参照）、この場合に保護処分を課すことは、侵害原理の観点から正当化できない。

第3に、家庭裁判所が特定少年の事件を検察官に送致した後、地方裁判所に公訴提起がなされた場合には、推知報道（実名報道）の禁止が解除されることとなった（少年法68条）。これは、責任ある自律的主体が犯した重大犯罪が、およそ社会的な論評の対象にならないのは不適切であるという考えに基づく。

検　討

1．少年法と民法の整合性

令和3年の少年法改正は、果たして民法と整合しているだろうか。この点については、両論あり得るだろう。

一方で、民法上、父母の親権に服さない自律的な主体となった18歳、19歳の者が、引き続き少年法の適用を受けることは整合しないという理解がありうる。とりわけ、少年犯罪の被害者やその遺族は、民法上、成年となった18歳、19歳の者が犯罪を行った場合のみ、少年法の下で保護の対象となることに強い疑問を示している。

第4講　18歳、19歳の者は大人か？　子どもか？

　他方で、令和3年の少年法改正は、犯罪（非行）を行った18歳、19歳の者に対する介入の正当化根拠を、保護原理ではなく侵害原理であると整理し、その観点から、「犯情の軽重」によって特定少年に課しうる保護処分を制限し、虞犯規定の適用も除外している。これらの特定少年に対する特例が設けられたことにより、民法上、18歳、19歳の者が父母の親権に服さないこととの整合性はとれているという理解もあろう。

2.　大人と子どもの二分法に依拠しない少年法の合理性 ──

　民法は、成年者（大人）と未成年者（子ども）の二分法で制度を構築しているが、少年法は、そのような単純な線引きをしなかった。この点は、どのように評価すべきだろうか。

　そもそも、人間が段階的に成長していく存在であることに鑑みると、民法のように特定の一時点（18歳）を基準として、子どもから大人になると考え、両者の法的取扱いを大きく変更する法制度が果たして合理的なのか、疑問も生じる。

> ※民法学の大家である大村敦志教授は、かつて、15歳以上18歳未満の者を「準成年」、18歳以上25歳未満の者を「初成年」、25歳以上の者を「完全成年」として、人の法的取扱いを段階的に変更する立法提案をしていた（大村敦志「民法4条をめぐる立法論的覚書」法曹時報59巻9号（2007年）2863頁）。

　このような観点から見ると、令和3年の少年法改正は、17歳以下の者、18歳・19歳の者、20歳以上の者という3つの区分を設けて、特定の一時点で法的取扱いを大きく変更するのではなく、人間

71

の成長の実態に合わせて、徐々に法的取扱いを変えていく段階的な
制度を採用したと捉えることができ、その合理性を認める余地もあ
ろう。

—— 文献案内 ——————————————————————————

・川出敏裕「少年法の適用対象年齢の引下げを巡る議論について」
東京大学法科大学院ローレビュー 15 号（2021 年）32 頁
http://www.sllr.j.u-tokyo.ac.jp/15/papers/LR15_kawaide.pdf
・成瀬剛「特定少年に対する保護処分」論究ジュリスト 37 号（2021 年）
99 頁

第 5 講　　　　　　　　　　　　　　　　　　社会保障法

多様化する働き方と社会法

笠木映里

> デジタル技術の目覚ましい発展と普及を背景として、今日、個人のライフスタイルに応じた様々な働き方が可能になりつつある。自宅にいながら、外出先から、さらには旅先で、世界中の取引相手と仕事をするなど、働く人に無限の選択肢が開かれている時代ともいえ、そうした変化はこれからも加速していくだろう。他方で、働く人のうち「労働者」に特別な保護を与える法として発展してきた労働法・社会保障法は、必ずしもこうした働き方を想定したものではなく、様々な困難に直面してもいる。本講では、労働者を保護する法が発展してきた歴史を少し丁寧にさかのぼりつつ、これらの現代的論点について、問題の所在を明らかにすることを試みる。

はじめに――「労働者として働く」ことの法的な意味

「働く」という営みは、現代に生きる我々の多くが一生に一度は何らかの形で経験するものである。また、同じく我々の多くにとって、この活動から得る経済的対価が自分や家族の生活の主たる糧となる、重要なものでもある。さらに人によっては、働くことが自己実現や自己表現としての意味をもつこともある。法学の様々な分野

の中で、労働法と社会保障法、あわせて社会法と呼ばれることもある法分野は、この「働く」という営みのうち、「労働者として働く」という場面に特別な関心を寄せ、「労働者」と評価される人に、特別な保護を付与してきた。

今日、デジタル技術の普及・発展を背景として、こうした保護を行う際に社会法が前提としてきた「労働者」の働き方が大きく変化し、多くの難問が提起されている。これらの問題の多くは、日本だけでなく世界中の研究者が現に直面し、活発に考察を加えているテーマである。また、上記のように働くことが我々の多くにとって重要な意味を持つことからすれば、現代を生きる多くの個人が関心をもたざるをえないテーマともいえる。そこで本講では、働き方の変化が今日社会法分野で提起している問題を整理し、読者が働き方について考える際の参考にもなるような検討を行いたい。

まずは、社会法という法分野における「労働者」の位置づけについて、ごく基本的なところから検討していこう。

ここに、「トラックを使って荷物を運ぶ」という行為をしているAさんからDさんがいる（**図**参照）。いずれも、外から見ると、また一時点だけを見れば全く同じ行為をしているのだが、法は、この行為の背景にある当事者の意思や、第三者との合意の有無、第三者との合意がある場合のその内容、この行為が行われる態様、行われるに至る経緯等によって、法的にこれらの行為が異なる意味をもつと考え、異なる扱いをする。例えば、Aさんは、自分の引っ越しのために自家用車あるいはレンタカーなどで自分の荷物を運んでいるとしよう。Bさんは、友人に頼まれて、無償で自家用車で荷物を運んでいる。Cさんも自分の車で人の荷物を運んでいるのだが、B

第 5 講　多様化する働き方と社会法

図

さんとは異なり、宅配業者から仕事を依頼され、荷物を運搬している。Ｂさんは、一日いくつの荷物を運搬するか、運搬作業を行う時間や道順等について、ある程度自由に決定できる立場にあり、毎月、運んだ荷物の数と運搬先との距離に応じて、報酬を受け取る。そして最後のＤさんは、宅配業者の社員として、会社のトラックで、作業の時間や道順についても細かく会社の指示を受けて荷物の配達の業務に従事し、毎月、賃金を受け取っている（イラストには描かれていないが、このようなケースでは、トラックに宅配業者のロゴがあり、Ｄさんは制服を着ていることが多いだろう）。なお、ここでは、トラックの所有や道路の走行、荷物をめぐる法律関係はいったん横に置いて、荷物を運ぶという行為にのみ注目しよう。

　この４人のうち、社会法が歴史的に強い関心を寄せてきた対象は、最後に挙げたＤさんであり、会社と労働契約を締結して「労働者」

75

として働いているものと評価されうる人である。例えば労働法の分野では、最低賃金法（最賃法）という法律を通じて、最低限の時給額を地域ごとに決定している。結果として、当事者がこれに反する合意をしてもこれを下回る時給でＤさんを働かせることはできない。これに対して、Ａさん・Ｂさんのように、自分や友人のために荷物を運んでいる人には、社会法は関心をもたない。Ｂさんのケースで、手伝いを頼んだ友人がＢさんに全く対価を支払わないことも、法的には全く問題がない（友情にはヒビが入るかもしれないが）。他方、Ｄさんと同様に第三者から報酬を得て荷物を運んでいるＣさんは、Ｄさんに近い立場にあるようにも見えるのだが、Ｄさんの働き方よりは自由度が高いようでもある。少なくともこれまでの労働法の考え方（本講でこれから詳しく述べる）によれば、Ｃさんも最賃法による保護の対象とはならない。Ｃさんが受け取る報酬の額は、基本的には当事者間の契約により自由に決定され、この報酬の額に法が介入することはまれである。近年では、インターネット上のプラットフォームなどを通じてＣさんのような形で配送業を行う人の数も増えており、後で見ていくように、Ｃさんとさんの違いをどのように考えるかは、本講で扱う一つの重要な論点となる（Ⅵ）。

　労働者として働くＤさんには、最賃法以外にも、労働法・社会保障法による様々な保護や権利の付与が行われる。例えば、深夜に働くことや休みなく長時間働くことは、Ｄさんの健康や安全を害する可能性があるので、労働法（労働基準法）の規制により一定の範囲で制限される。Ｄさんが運転中に事故を起こして怪我をすると、特別な社会保険（労災保険）から医療サービスや年金の給付が行われる。

第５講　多様化する働き方と社会法

労働者階級の誕生と社会法

　なぜ、「労働者」という地位が社会法にとってそんなにも特別なのだろうか。出発点となるのは、18世紀ごろに欧州において市民革命を経て誕生し、今日でも私達の社会と法体系を支える基盤となっている近代市民法の考え方である。近代市民法の考え方の基礎には、私的自治の原則、その派生概念としての契約自由の原則と過失責任主義という考え方がある。私的自治の原則とは、私的領域における事柄に関しては、国家の干渉を受けることなく、個々人がその自由な意思により決定できるという考え方である。また、契約自由とは、契約（当事者相互に権利や義務を発生させる約束、ここではごく簡単に定義しておく）をするかどうか、あるいは契約する場合の内容等について個々人が自由に決定できるという原則である。過失責任主義とは、他人に損害を及ぼさないように一定の注意を尽くしていれば、損害について責任を負うことがないとする原則である。言い換えれば、自らの行為により誰かに損害が発生しても、一定程度の注意をしていれば責任を負うことはないということである。これによって個人の行動が自由になる。そして、これらの自由の裏返しとして、個人は自らの生活を自由な経済活動を通じて支えることが求められる。つまり、個人の生活についてはもっぱら本人が責任を負う（最後の点を、生活自己責任の原則と呼ぶことがある）。

　以上のような近代市民法の考え方は、国家や中間団体の制約を受けない自由な取引を最大限に促進する効果を持ち、市民革命後に生じる産業革命及び今日まで続く資本主義社会の基礎となっている。

もっとも、産業化・資本主義社会の発展は、それまで存在しなかった問題を引き起こすものでもあった。その問題こそが、社会法が関心を寄せる「労働者」と呼ばれる人々の就労環境や生活である。労働者は、彼らを雇用する資本家――生産手段を所有して他人の労働力から利益を得る人達――と比べれば明らかであるように、自らの労働以外から得られる報酬以外に生活の糧をもたない。そのため、病気や怪我になったり、雇用を失ったりすると、容易に困窮状態に陥りうる。また、そのような状況にある労働者と使用者との間には交渉力の大きな不均衡があり、労働者は、過酷な労働条件であっても生活のために引き受けざるをえないことが多い。契約自由の原則を貫徹すると、労働者の生命や健康が危険に晒されてしまうこともしばしばであった。労働者と使用者との間には、近代市民法が前提としたような自由な取引関係が存在しえないことが明らかになってくる。そして、同様の背景から、個人の生活を全て自由な取引による自己責任に委ねることの矛盾も明らかになってきた。

社会法による労働者の保護と自由の制限

　以上のような問題意識を背景として発展してきた労働法・社会保障法は、労働者を対象に、私的自治の原則を一定の範囲で修正・制限する内容の規制や法制度を構築してきた（なお、本講では詳述できないが、日本の社会保障法は、特に第二次世界大戦後、生存権（憲法25条）の思想を背景として、労働者のみならずあらゆる国民の生活保障に関心を寄せるものとなっている。ただし、後で見ていくように労働者という

第５講　多様化する働き方と社会法

地位に特別な意義を認めている点は変わっていない）。ごく簡略化した形で概観するとすれば、まず、最低賃金法も含め、労働条件や安全衛生等に関わる様々な最低基準を定める法がある（労働基準法、労働安全衛生法、最低賃金法など）。最低基準を下回る合意をしてもその合意は無効となり、無効となったところは法定の基準に置き換えられる。これらに加えて、契約の解除や契約内容の決定・変更について、他の契約類型には見られない特別な規制が行われている（労働契約法）。これらの規制の多くも、原則として当事者の合意によっても適用を免れることのできない性格のものである。いずれも、契約自由の原則が強く制限される場面といえる。

　また、労働者による団結、団結した組織である労働組合による団体交渉、労働協約の締結などにかかる法規制（労働組合法）は、単独では十分な交渉力をもたない労働者が団結することで、労働者と使用者との間の交渉力の均衡を回復させるための仕組みといえる。交渉の成果として労働協約とよばれる集団的な合意が行われると、個人としての労働者が使用者と異なる合意をしても契約の当該部分は無効となり、無効になったところは労働協約の内容に置き換えられる（労組法 16 条）。これも、契約自由の原則への重要な修正といえる。このように、労働者を保護する法令は、その裏返しとして、労働者本人も含む当事者の自由を強く制限するものでもある。

　他方、労働者を対象とする社会保障に関する法として労働者災害補償保険法（労災保険法）がある。労災は、仕事が原因で傷病にかかった労働者に医療費や休業中の所得の保障を行う仕組みで、その財源は使用者が 100％ 負担する。こうした財源負担のあり方は、労働者の怪我について使用者に過失があったかどうかを問わず使用者に責任を課す考え方を背景としており、これは、過失責任主義の重

79

要な修正といえる。また、労働者が解雇や契約終了によって仕事を失った場合に、次の仕事を始めるまでの一定期間の所得を保障する社会保険として、雇用保険がある（雇用保険法）。これらの社会保険制度の背景には、労働が労働者にとってしばしば危険をはらむものであり、その労働から使用者が利益を得ているという考え方（労災保険）や、突然に仕事を失うことが、賃金収入によって生活を支えている労働者にとっては大きな困難を意味すること、そうした状況が本人の意思や行動でなく景気や雇用市場の動向により生じうるという考え方（雇用保険）がある。また、労働者を対象とする医療保険として健康保険（健康保険法）、労働者のみが加入する年金として厚生年金（厚生年金保険法）がある。これらの制度も、労働者でない者には必ずしも予定されていない、（労災以外の）怪我や病気、出産による休職時の所得保障や、家族の医療費の保障（健康保険法）、当該労働者の所得に比例した水準の年金（厚生年金）などを保障する。自らの労働以外に生活の糧をもたない労働者について、所得の中断や家族の傷病が生活上の大きな困難を意味することから、こうした制度が構築されてきたと説明することができる。また、以上のような考え方も前提として、労災以外の各種社会保険において、保険料の半分を使用者が拠出する仕組みが採用されている。

　このように、いずれの社会保険も、「労働者」という地位に特別な意味を認め、使用者や国家の関与により、労働者でない人とは異なる形で生活自己責任の原則を修正している。そして、特別な保護の裏返しとして、労働者と使用者に特別な保険料負担を課してもいる。

第5講　多様化する働き方と社会法

労働者とは誰のことか

　法が特定のカテゴリーの人々について特別な規制や保護・給付を行う際、しばしば、その対象者をいかに定義し、そこから外れる人とどのように区別するのかという問題が生じる。本講の主題との関係では、各種の規制や社会保険加入の対象となる「労働者」をどのように定義するか、つまり、冒頭に示したAさんからDさんのうち誰を社会法による保護の対象にするかという問題である。冒頭のAさんからDさんの描写は多分に簡略化されたものであり、現実の社会には、これらの類型の中間地点に位置づけられる多様な活動・働き方が存在する。そのような現実社会を前提として、上述したような社会法の趣旨から見て労働者として保護されるべき人達に共通する特徴をどのようにすくいあげ、ある程度一般性のある、また客観的に評価が可能な基準として定義していくかが問題となる。

　この問題について、日本では法律上の定めは抽象的なものに留まり、その解釈が活発に議論されてきた。本講では、労働法上の一大論点であるこの問題の詳細には立ち入らないが、例えば最低労働条件等を定める労働基準法は、労働者を、「職業の種類を問わず、事業又は事務所……に使用される者で、賃金を支払われる者」と定義する（9条）。そして、この規定が保護する労働者について、労働者保護にかかる行政を所管する厚生労働省や裁判所、学説等は、現在、概ね以下のように考えている。すなわち、同条が保護するのは、使用者と「使用従属関係」にある者を指すと理解され、この「使用従属関係」の有無は、使用者の仕事の依頼を断る自由がないこと、業

81

務内容や遂行の態様について使用者による指示が行われること、勤務時間・場所が指定され、管理されていること、業務を第三者に代替させることが想定されないこと、等の要素を総合的に考慮して判断される「指揮監督」の有無と、仕事の対価として受領する報酬の有無により判断される（以上の2つの要素がいずれも認められるときに、使用従属関係が肯定され、労働者と認められる）、と理解されている。他方、自分の機械や道具を使っている、自分のトラックを使って荷物を運んでいる、というような場合、労働者としての性格を弱める事情と評価される。社会保険についても、おおむね、労働基準法上の定義にならった適用対象の特定が行われる。これらのメルクマールを考慮して「労働者」であると認められると、上述したような労働法・社会保障法の両分野にわたる各種の保護が適用されることになる。

社会法が前提とする働き方とその変容

　上で述べたような労働者性の判断基準は、ひるがえって、社会法が「労働者」として保護すべき働き方として想定してきた典型的な働き方のイメージを反映するものでもある。個々の仕事の依頼を断る自由がなく、勤務時間や場所が特定・管理され、業務内容に比較的細かい指示が与えられているような人、また、仕事に必要な道具や機械を自ら所有しない人が、特に保護の必要な労働者であると考えるのである。社会法が確立される時代に前提とされた、工場勤務の労働者などは、そうしたイメージにぴったりと合致する。また、

より現代的なサービス業や事務職の業務であっても、決まった時間、会社等で上司の業務上の指示を受けつつ勤務するようなケースでは、こうした典型的な労働者像に該当するといえそうである。

　ところが、近年のデジタル技術による働き方の変容は、こうした従来型の働き方を大きく変容させ、労働者にあたるか否かの判断を困難なものとしている。デジタル技術を用いることにより、今日では、自宅で、あるいは会社とも自宅とも遠く離れた好きな場所で仕事することも可能な労働者も増えており、周知の通りコロナ禍におけるテレワークの拡大によりこうした変化は著しく加速することとなった。テレワークが行われると、勤務場所の特定・管理は希薄になるし、勤務時間についてもコントロールがされにくくなる。テレワークの際の光熱費やパソコン関係の費用を事実上労働者が負担しているようなケースや、そもそも私物のパソコンを仕事に使っているケースもあると思われるが、こうした働き方も、もともと労働者として想定されてきたイメージとは異なる働き方になっているといえるだろう。

　このような働き方の変容は、労働者かどうかを判断するためにこれまで用いられてきたメルクマールの適切性を疑わせるだけではなく、現に社会法が労働者に付与している保護の内容が適切・十分かどうかにも疑念を抱かせうる。労働時間に関する規制（使用者が労働時間を把握できることを前提としている）、時給をベースとして計算される最低賃金、職場の安全という視点が柱となっている労働者の安全のための規制、主として職場で発生する事故を念頭において発展してきた労災補償などについて、上記のような、従来よりも自由度の高い働き方との関係でも意味のある規制・補償となっているかが問題となるのである。

Ⅵ

フリーランスという働き方

　このように、労働者かどうかグレーゾーンにある人の取扱いや、労働者への社会法上の保護の機能不全という問題の延長線上にあるが一応区別できる問題として、労働者とは異なり、独立自営業者として、個々の仕事ごとに仕事の依頼者と業務委託契約を締結して仕事をする人たちをめぐる問題がある。これらの、労働者でない形で働く人（自営業者と呼ぶこともある）のうち、自らが第三者を雇わず、個人で仕事を請け負う人たちを、「フリーランス」と呼ぶことがある。冒頭の例で挙げたＣさんは、自分のトラックで荷物を運び、個々の仕事の依頼を引き受けるかどうか、仕事のリズムについても一定の自由度があるということで、フリーランスとしての働き方の典型的な例といってもよいだろう。

　フリーランスとよばれる働き方自体は必ずしも新しいものではないが、やはりデジタル技術の活用によって、仕事の依頼・依頼者とのやり取りなどを遠隔で行うことがきわめて容易になり、こうした働き方が従来よりも拡大する傾向が見られる。彼らは、一件一件の仕事について自らが引き受けるかどうか意思決定をする自由を有し、また、注文された仕事を完成できるのであれば、仕事の時間や勤務場所、リズム等も基本的には自由に決める。このため、上述した労働者としての働き方とは、少なくともこれまでの労働者に関する考え方からすれば、かなり異なるということになる。当事者の意思としても、使用者にあれこれ細部まで指示されない自由な働き方をしたいという意思をもって、フリーランスとしての働き方を選択して

84

第５講　多様化する働き方と社会法

いるケースもあり、労働者としての働き方との間には大きな断絶があることも多いだろう。一年のうち半分しか働かないとか、自らの意思で一時的に仕事の量を増減させるなど、それぞれのライフスタイルや人生設計にかなった働き方が可能になりうるという点では、働く人にとって魅力的な働き方ともいえる。

　問題となるのは、このように労働者とは異なる働き方と見ることのできるフリーランスについて、社会法が労働者について構築してきた保護や権利が全く不要といってよいかである。例えばフリーランスが大企業から継続的に仕事を受託していて、この仕事がその人の主たる生活の糧になっている場合、労働者と使用者の間に見られるのと類似の交渉力の格差がありそうで、そうなると、形式的には諾否の自由があっても、現実には仕事を断る自由はかなり制限されているともいえるのではないか。こうしたケースで、差別的な理由で契約を打ち切られることや、長時間労働をしなければ達成できないような仕事を押しつけられてしまうことについて、労働法の適用があれば様々な規制が行われるのだが、Ｃさんについてはこうしたケースで何も規制をしなくて良いのだろうか。また、Ｃさんが、自分にとって重要な取引先会社の要求に応えるために無理な運転をして事故を起こした時、この事故は、労働者にとっての労災と近い性格を持つのではないか。結果としてＣさんが働けなくなった時、労働者でない以上、休業時の所得保障が存在しないことになるが、それではＣさんが生活に困窮してしまう危険もある。

　他方、このようにＣさんに保護の必要性がありそうだからといって、Ｃさんを労働者に準じて扱うことに、逆に問題はないだろうか。既に述べた通り、社会法による保護は、労働者本人も含む当事者の自由の制限や保険料負担と表裏の関係にある。Ｃさんがフリー

ランスとして自由な立場を選んだ意思を尊重する必要はないのだろうか。もし労働者と同様の保護を図るとすれば、Cさんと依頼主との間の契約には様々な規制が課され、さらには依頼主にも各種社会保険の保険料拠出義務が課されることになるが、このような私的自治の制約が過度な自由の制約となる懸念はないか。むしろ、労働者とは異なる働き方として、フリーランスに特有の保護を及ぼす可能性は無いのだろうか。そもそも、フリーランスといっても様々な働き方があり、それらをひとまとめにして議論できるのだろうか。様々な論点と議論の方向性がありうる。

　なお、これらの問題への対応の第一歩として、2023年に、いわゆるフリーランス法（特定受託事業者に係る取引の適正化等に関する法律）が成立した。残念ながら本講では詳述できないが、同法は、フリーランスについて、労働法類似の（ただし、これと明確に区別される）保護を部分的に及ぼすとともに、公正な競争の保護という観点からの規制を行うものであり、興味深い立法例といえる。

プラットフォームワーク

　フリーランス問題の応用といえる問題として、いわゆるプラットフォームワーカーといわれる働き方の増加がある。プラットフォームワークは、インターネット上のプラットフォームで注文者が不特定多数のワーカーに対して仕事の依頼を行うシステムで、ギグワークと呼ばれることもある。読者にとって最も身近なのはUber Eatsのような食事配達サービスであると思われるが、他にも、翻訳やマ

ーケット調査等の様々な業務を会社がアウトソーシングするような
プラットフォームもある。デジタル化の進展によって可能になった
新しいアウトソーシングの一場面ということもできるだろう。多く
の場合、プラットフォームは注文者とワーカーが出会う場として位
置付けられていて、働く人は労働者としてではなく、フリーランス
として個別のタスクを請け負って仕事をしている。また、注文する
人は、企業でなく一般の消費者であるケースもある。このように、
仕事の依頼者・受諾者に加えて、プラットフォームという第三者が
関与してくるのが、プラットフォームワークの特徴である。プラッ
トフォームにも色々なタイプがあり、Uber Eats のようなものは、
働き方への拘束性が高く比較的労働者に近い働き方に思われる一方、
翻訳業務などは働く人の自由度が高いことも多く、少なくともこれ
まで考えられてきた労働者像とはかなり遠い。

　プラットフォームワークについては、こうした働き方に特有の論
点として、プラットフォームを加えた三者関係をどのように理解し、
それぞれの当事者の役割をいかに理解するべきかという問題がある。
仕事を委託する一般消費者が使用者と扱われるような議論は難しい
だろう。他方で、依頼者と受諾者のマッチングの「場」であるプラ
ットフォームに使用者に似た責任を課せるかも問題となりうる（外
国では、プラットフォームに使用者類似の義務を部分的に課す立法例も見
られる）。

兼業・副業の可能性の拡大

　働き方の多様化の問題をさらに複雑にしているのが、兼業・副業と呼ばれる働き方の拡大である。労働者が異なる使用者との間で異なる仕事を駆け持ちしたり、労働者としての仕事とフリーランスとしての仕事を掛け持ったりすることなどが増えている。言うまでもなく、デジタル技術の利用により、プラットフォーム等を通じて仕事を引きうけることや使用者・仕事の依頼者から遠く離れた場所でのテレワークが可能となったことは、隙間時間での兼業・副業を後押しする大きな要素となっている。そして、とりわけ労働者としての仕事と、フリーランスとしての仕事を掛け持つような場合には、当該労働者をどのような法によって保護すべきか、いかなる社会保険制度への加入を求めるべきかなど、社会法との関係で提起される問題は、さらに複雑なものとなる。

おわりに──多様な働き方が開く無限の可能性と、リスク

　以上のような働き方の変化からは、社会法の発展過程で前提とされてきた、一つの使用者との間で、週5日、一日8時間などの決まった時間に、オフィスや工場、取引先に赴いて、使用者の指示を受けながら働く、といったものとは大きく異なる働き方が見えてくる。読者の多くがこれから「働く人」として生きていく世界は、従来型

の働き方も重要なものとして残りつつ、この新しい働き方がますます存在感を増してくる世界になるだろう。そのような社会では、働き方、生き方について従来よりもずっと多様な選択肢が開かれ、それぞれの価値観や人生観に寄り添った働き方が可能になりうる。また、これまでの制約の多い働き方が障壁となって働けなかった人達（障害をもつ人や、家族のケア責任を負う人など）も含めた多様な人に働くチャンスが与えられ、労働者やフリーランスとして経済・社会活動に参加できるようになるという効果もある。

　他方で、こうした働き方の多様化は、社会法が歴史的に作り上げてきた法と権利の体系の根本を揺るがすものでもありうることは、ここまで述べてきた通りである。多様な働き方が当事者にとって大きなリスクとなり、不公正な取引が横行したり、当事者の生活を困窮や危険にさらしたりすることのないように、また他方で、近代市民法が重要な価値を認めてきた個人の意思決定や取引の自由を不当に制限することのないように、いかに社会法の体系を修正すべきかが、問題となっている。

───── 文献案内 ─────────────────────────

・水町勇一郎『労働法入門〔新版〕』（岩波書店、2019 年）

・神吉知郁子「技術革新と働き方・労使関係の変容」有斐閣 Online ロージャーナル（2023 年）（YOLJ-L2212011）

・ジュリスト 1572 号（2022 年）特集「プラットフォームワークと法」に収載された各論文、特に荒木尚志「プラットフォームワーカーの法的保護の総論的考察」14-22 頁、笠木映里「プラットフォームワーカーへの社会保障」23-28 頁。

第6講　　　　　　　　　　　　　　　　　　　　　フランス法

母子関係の比較法
―― 外国法の参照は無意味か？

齋藤哲志

> 「子を産んだ女性がその子の母となる」。重々しい命題かのようにわざわざ「　」でくくるまでもなさそうである。しかし、生殖補助医療が珍しいものではなくなった現代では、もはや自明ではない。修正することも一案であり、実際にそうする法体系もある。しかし日本法は修正を拒んでいる。それはなぜかと正面から問うこともできるが、あえて「まわり道」をしてみよう。戻ってきたときほんの少しでも世界が違ってみえたらと期待して。

はじめに

1. 日本法から

本講では、民法、なかでも家族法、さらに特定的に母子関係を扱う。手始めに、近時の2つのトピックを掲げよう。

1つ目は、2020年12月に成立した「生殖補助医療の提供等及びこれにより出生した子の親子関係に関する民法の特例に関する法律」である（以下「民法特例法」）。この法律は、第一に、生殖補助医療のルール作りを目的とした。しかし、抽象的な仕方でいくつかの

第6講　母子関係の比較法

原則を確認するにとどめ、概ね2年を目処に具体化する旨の附則を置いている（本講執筆時点で実現に至っていない）。第二に、第三者から精子・卵子・胚が提供されて子がもうけられた場合の親子関係に関して、民法の特則を定めた。母子関係は9条による（「女性が自己以外の女性の卵子（その卵子に由来する胚を含む。）を用いた生殖補助医療により子を懐胎し、出産したときは、その出産した女性をその子の母とする」）。

　2つ目は、熊本慈恵病院における「内密出産」である。匿名での新生児の引き取り（「こうのとりのゆりかご」。「赤ちゃんポスト」とも称される）を実践してきた同病院は、これに加えて、女性が病院に身元情報を託しつつ秘密裏に入院・出産する仕組みを作った。2022年1月に最初の例が現れた。

　いずれも法的な意味での母（以下便宜的に「法的母」）について考えさせる。民法特例法は、産みの母と生物学上の母という複数の候補から法的母を一人に決める。これに対して内密出産は、母を決めずにおく可能性を開く。産みの母が法的母にはならないかもしれない（あえてぼかしておく）。

2．フランス法へ

　唐突に思われるかもしれないが、ここからフランス法の話をする。日本民法の多くの規定は外国法を参照して作られた。「継受」といわれる。家族法分野ではフランス法が原型であることが多い。継受された法は「母法」と表現され、そこへ遡行する研究は「沿革研究」といわれる。こう述べるだけでもフランス法をみる理由として十分かもしれない。しかし、沿革研究ならば継受当時のフランス法で足りそうである。また、そろそろ親離れせよ、より一般的に、外

国法の参照は時代遅れ、といわれたりもする。

その一方で、母子関係は普遍的主題である。異なるルールがあれば自らを省みるきっかけとなる。同じルールでも生成の経緯が違うかもしれない。異なる法をできるだけ多く知り、できるだけ深く掘り下げることは、得られた知見がすぐに使えるものではなくても、私たちの思考を豊かにする。法学に携わる者は、多かれ少なかれこうした人文学的な態度を共有し、過去や外部に知の対象を求めてきた。もちろん続けるもやめるも自由であるが。

お題目はさておき、本講では母子関係をめぐるフランス法の現状を検討する。例外的な場面から原則を考え直してみる。そうした場面は冒頭に掲げた日本法上のトピックに対応する。叙述の便宜から順序を変えよう。また、少し工夫して、子を左に、母を右に置く形で表現しよう。第一は「子——X」、子がいるが母が知れない場合である、第二は「子——母・母」、母（あるいは「母の候補」）が2人いる場合である。

子——X

1．母による認知？

沿革研究のようなことから始めよう。日本民法の779条は「嫡出でない子は、その父又は母がこれを認知することができる」と規定する。「嫡出でない子」すなわち「非嫡出子」は、「法律上の婚姻関係にない男女から生まれた子」と定義しておく。

しかし、母の認知は不要とされ、779条の「又は母」という3字

は無視する約束である。実際、役場の戸籍係に提出する認知届の書式には、認知者として「父」の欄しかない。最高裁も、非嫡出子につき、その母は「分娩の事実により当然発生する」と確認した（最二小判昭和37・4・27裁判所 Web（昭和35（オ）1189））。「当然発生主義」といわれるが、以下では少し噛み砕いて「〈分娩者＝母〉の原則」としよう。

779条に至るまでの経緯からは少し違ったことがみえてくる。施行されずに終わったいわゆる「旧民法」では、父による認知のみが規定されていた（人事編96条。対象は「私生子」であるが「非嫡出子」との違いの説明は割愛）。その後、現行民法の旧規定（昭和22年の家族法部分の大改正前の規定。これを「明治民法」ということもある）において「父又ハ母」とされ（旧827条）、現在に至る。

旧民法は総じてフランス法に倣っていた。当時のフランス法は非嫡出子につき母の認知を必要としていた（詳述できないが、非嫡出子一般につき母の認知を要するとの理解は後に改められ、〈分娩者＝母〉原則が基本的に妥当することになった。現在では、後述するように「出生証書への母としての記載」と定式化されている。なお、2005年改正により民法典から「嫡出」「非嫡出」の語は消去された）。そうすると、認知の規律に限っては、あえてフランス法が参照されなかったといえそうである。逆に、現行民法の起草に際して、フランス法が意識的に参照されたものと思われる。起草者の一人である梅謙次郎（1860年-1910年）の発言を引いてみよう。母の認知の必要を論ずるなかで次のように述べる。

「戸籍法ガ出レバ……三日以内ニ届出ヲシナケレバナラヌ　其定日内ニ母ノ名ヲ以テシナケレバナラヌ　ソウスルト捨テルカ殺

スカラ是非届出ト云フコトヲ取締ヲシナケレバナラヌ　ソレデ父
母カラ届ヲシナケレバ取上婆サンカラ届ケル　取上婆サンガ此子
ガ生レタガ母ハ申上ゲルコトハ出来ヌガ名ハ何ト附ケテモ宜イト
云フコトニシテ置イタラ只今御心配ニナル所ノ届ヲシナクナル或
ハ届ヲ三日内ニセヌデ罪人ガ出来ルト云フノハ今迄ヨリモ少ナク
ナルト思フ」

『法典調査会民法議事速記録第 6 巻』（商事法務研究会、1984 年）
539 頁（下線筆者）。

　母は事実を隠したい。それを隠せないということであれば、子を
捨てたり殺したりしてしまうかもしれない。「取上婆サン」（助産
師）からの出生届を許容し、「母ハ申上ゲルコトハ出来ヌ」と述べ
てもよいことにしよう、と。この提案はフランスの制度に似る（以
下につき、西 2001、菊地 2021、三菱 UFJ リサーチ＆コンサルティング H
30）。

2. 匿名出産と母子関係

　望まない妊娠から生まれた子の保護という課題について、2 つの
実践があった。一方は、「委棄の回転かご」（tour d'abandon）と称さ
れたものである。赤ちゃんポストのような装置を通じて嬰児を引き
取ってもらえた。ヨーロッパ各地の教会にみられた。他方、フラン
スには、身元を秘匿しての出産を許容する産院もあった。これを
「匿名出産」としよう。原語では「accouchement sous X」といい、
「X という名での出産」が直訳である。

　19 世紀になると後者が一般化した。回転かごの場合、子を産ん
でから預けることになるが、それでは母子双方の身体を危険にさら

94

第6講　母子関係の比較法

す。身元を秘匿して産院で出産するのでよく（当時も現在も公費負担）、母を告げずに出生届をすればよいことにした。梅謙次郎の提案はここに範をとっているものと考えられる。

　その後、人工妊娠中絶が比較的安全に実施できるようになると、これと匿名出産とが相補的に理解された。前者を違法としつつ、後者で母子を保護する。この関係性を反映するかのように、1975年に人工妊娠中絶が合法化されると、匿名出産の件数は大幅に減少した。それでも廃止されることはなく、重大な選択に逡巡した女性にとって、あるいは、宗教・文化上の理由により中絶を選択しえない女性にとって、最後の拠り所となっている。1975年法以前は年に2000件を超えることもあったが、近時では年に600件程度で推移している。

　現行制度を垣間みよう。女性が希望すれば身元を明かさなくてよい。ただし、情報を残すことはできる。残せば厳封されて管理される。産院も残すよう勧める（なお、本人同定を義務化すると、産院との関係では「匿名」とはいえない。外部に対する秘密保持が制度の根幹となる。比較的近時に整備されたドイツの制度が典型である。そちらを参照しているから日本では「内密出産」の語が使われる）。

　出産後、産院から出生を届出る。「出生証書」（民事身分簿に登録される。個人単位であり日本の戸籍とは異なるが機能は似る）の母の欄は空欄とされる。子は公的機関（「児童社会扶助機関」、以下フランス語の略称で「ASE」）に引き取られ、多くの場合、里親に委託される。これと並行して「国の被後見子」という資格が付与される（匿名出産による子のみを対象とするのではない。養育放棄の場合なども付与される。以下のプロセスも同様）。この後「完全養子縁組」に展開する。実親との親子関係を否定するものであり、日本の特別養子縁組に相当す

95

る。国の被後見子は、養親候補者に「託置」され、6か月の試行養育期間を経ると、裁判所による縁組の言渡しが可能となる。

　以上のプロセスにおいて託置が重大な意味を持つ。この時点以降、実親との親子関係は確立（「定立」ともいう）できなくなる（フランス民法典352-2条1項。以下、条文はすべてフランス民法典）。匿名出産した女性と子との間に母子関係がないことが確定し、翻意して子を引き取ることはできなくなる。逆にいえば、託置の時点までは法的母になること、すなわち認知が可能である。このように、分娩と母子関係確立が連動しない場合があるからこそ、母の認知が意味を持つ。逆に、〈分娩者＝母〉原則を貫徹させるならば、たとえ身元が不明でも、法的母は必ず存在することになる。

　ところで、匿名出産制度は社会福祉法の領域に置かれていた。民法と明確に関係づけられたのは比較的近時のことである。まず、1993年改正で、匿名出産に関する条文（当時の341-1条、現326条）が設けられた。

　続いて、2005年に親子法の大改正があり、その際、母子関係確立の一般原則が再定義された。311-25条によれば、「親子関係は、母に対しては、子の出生証書におけるその記載によって確立される」。医師発行の証明書を基礎に出生証書が作成されるから、〈分娩者＝母〉原則と変わらない。よって、ここまでは日本法と大きな違いはない。

　その一方で「分娩者が母である」とは書いていないことにも意味がある。出生証書への記載を基準にすると、匿名出産をうまく処理できる。311-25条を反対解釈すればよい。匿名出産の場合、出生証書に母の記載はないから、母子関係は確立されない。

第６講　母子関係の比較法

　以上は出生時の規律である。出生後はどうか。既に述べたように、認知は託置の時点まで可能である。これ以後は、母の側から母子関係を確立することができない。では、子の側からはどうか。「強制認知」の訴え（直訳では「母子関係捜索の訴え」）の可否が問題となる。匿名出産制度を民法に接続した上記 1993 年改正は、この点にも手当てを施していた。仮に分娩者の特定がつかない、強制認知を求めても、訴えは却下される（当時の 341 条 1 項）。匿名出産した女性の利益を全面的に保護する規律といえた。

　しかし、2009 年の改正で強制認知の訴えを却下とする条文が削除されてしまった。何があったのか。ここで参照すべきは、子が自らの「出自を知る権利」である。完全養子縁組一般で問題となるが、匿名出産の場合はおよそ情報をえられないことがほとんどであり、この権利の保障は一層難しい。子からの告発は、匿名出産をした女性への道徳的非難を時に伴いつつ、無視できないものとなった。

　対応のひとつが、入院時に身元情報を残すよう促すという取り扱いの一般化である。さらに 2002 年の法律によって、出自情報の管理およびその収集援助を行う公的機関（「個人の出自情報へのアクセスのための全国評議会」、以下フランス語の略称から「CNAOP」）が設立された（西 2005）。しかし、残された情報であれ、CNAOP が収集した情報であれ、これらは親子関係には影響しない。仮にこれを用いて強制認知を試みても、当時は、訴えは却下されると規定されていたから、問題は生じえなかった。こうした制度設計により、母の利益と子の利益との間で均衡が達成されたと評価されていた（その旨の欧州人権裁判所の判決がある。拙稿 2011）。

　にもかかわらず、上述のとおり、2009 年に強制認知の可能性が開かれた。国会の担当委員会の報告では、条文削除には事実上意味

97

がないとされていた。完全養子縁組に発展すれば、分娩者との親子関係確立の余地がなくなるからである。では、なぜ削除するのか（欧州人権条約との関係も指摘されていた（参照、拙稿 2011）が割愛。この法源の機能を知ると多くの論点を一層立体的に理解できる）。女性には「子を引き受けない権利」が常に保障されるわけではない、とのメッセージをみてとることができる。しかし、メッセージにとどまらないかもしれない。完全養子縁組が取消されることも皆無ではない。また、障がいなどの理由で養親を見出しえない子も存在する。いかに稀なケースとはいえ、強制認知の訴えにより X に実母が代入される可能性が残され続ける。このことの意味は末尾で立ち戻る。

　「出自を知る権利」に引っかけて、次の主題である生殖補助へのつなぎとしよう。従来は、精子・卵子・胚を第三者が提供する場合、この者は匿名とされていた。匿名にしておかなければ、一方で遺伝子の選別につながってしまう、他方で供給が減ってしまう、というのが理由であった。

　しかし、匿名性により、子は自らの出自情報へのアクセスを奪われる。この後にみる 2021 年の生命倫理法改正で、出自を知る権利の保障が図られた。ドナーは一定の情報を残さなければならず、子は成人後に希望すれば開示を請求しうる。

　この道行きは「類似の地位にある者には同等の権利を」とまとめることができる。匿名出産による子に出自を知る権利が保障されうるのであれば、第三者提供生殖補助の下で生まれた子にも同等の権利が保障されえなければならない。この命題は後に再び登場する。

子——母・母

　続いて、法的母が2人またはそれ以上存在しうる場面を扱う。大きく2つに分けられる。第一は、法的母の候補が複数いるが、排他的である場合である。第二は、2人の法的母が共存する場合である。

　第一の場合は、例えば、第三者による卵子提供のケースがこれにあたる。日本の民法特例法は、この場合において、分娩者を母とした。また、サロゲート型（代理母の卵子を用いるもの）の代理懐胎ないし代理出産（法学文献では前者の用語が好まれるが後者の用語を用いる）では、産みの母と生物学上の母は一致するが、依頼者である「意思による母」がいるから、やはり候補は2人となる。さらに、ホスト型（代理母は懐胎・出産のみを担当するもの）の代理出産で、かつ、卵子がドナーによると、依頼者を含めて候補は3人となる。民法特例法はこれらの場面をもカバーすると読むこともできる。

　いずれも重要な論点であるが、直接の検討対象から除き、必要な限りで触れるにとどめる。以下では、第二の「2人の母が共存する」場合に照準を合わせよう。

1. 女性カップルにおける AID と母子関係

　日本では、冒頭にみた民法特例法の経緯から、生殖補助に関する具体的ルールは、医師の団体に委ねられたままである。フランスでは、1994年に成立した生命倫理に関する諸法律がこの分野をカバーする。その内容は、医学の発展や社会の変容に応じて見直されることになっている。

最新の改正法は2021年8月2日に成立した（詳細は奈良2022）。主たる趣旨は、家族法のコンセプト更新への対応であった。2013年の同性カップルにも婚姻を開放した法律が大きい。「すべての者のための婚姻（mariage pour tous）」がスローガンであった。その射程は婚姻の承認にとどまらなかった。同性婚当事者が子をもつこと、すなわち共同で養親となることが認められた。こうして同性の親に子をもつ可能性が承認されると、養子ではなく実子をもつことへの希望も高まる。生殖補助を通じて、同性カップルの少なくとも一方と生物学上のつながりのある子をもつことはできないであろうか。

　今回の改正では、女性カップルが第三者から精子提供（以下「AID」と略記。フランス語では「IAD」。なお、胚の提供もありうるがAIDで代表させる）を受けることが肯定された。実際的な理由は、近隣諸国での解禁が先行し、国外でAIDを受けて国内で出産する事例が増えたことにあった。

　3点注記する。第一に、単身女性もAIDを利用しうる。改正のスローガンは「すべての女性のための生殖補助（AMP pour toutes）」であった（上記の婚姻に関する表現が意識されている）。

　第二に、改正前は、生殖補助は、自然生殖が困難との診断を受けた異性カップルに対する治療、または、重篤な遺伝病の回避手段という位置づけであった。改正法は、女性カップル・単身女性を包摂するべく「親となる計画」に仕える技術と再定義した（公的医療保険の適用は維持）。

　第三に、カップルの法的地位は問われない。この点は改正前と変わらない。婚姻カップルの場合もあれば、もう一つの登録制度であるパクス（PACS）当事者の場合もあれば、内縁のパートナーの場合もある。ただし、婚姻の有無は、親子関係確立の方法に影響しう

る。異性の婚姻カップルに適用される「父の推定」（日本法の「嫡出推定」に相当。既述のとおり「嫡出」の語は使えない）を応用しえたからである。

　争点は、AID を用いた女性カップルにおいて、分娩者でない側の女性（以下「非分娩者」）との母子関係の確立方法にあった。先に結論をみよう。非分娩者との母子関係は「共同認知」という新たな制度による。元来、生殖補助を用いる際には、公証人の面前で同意を書面化する必要がある。その際に、生まれてくる子を両名が共同して認知するものとされた。
　以下ではこの規律を評価してみる。改正過程に現れた３つの案を参照するとわかりやすい。
　▶ Ⅰ案は現行法の適用で済ませようとした。分娩者は出生証書への記載によって母となるが、非分娩者は養子縁組を要する。しかしこれでは、実母と養母とで差が生ずる。
　▶ Ⅱ案は既存のルールの応用を試みた。婚姻の有無で区別される。婚姻していれば、非分娩者は、推定規定の適用を受ける。第二母の推定である。婚姻していなければ認知が要る。この解法は異性カップルと同性カップルとの平準化にも資する。しかし、推定・認知の前提に反すると指摘された。たしかに、推定と認知は、生物学上の親がその当事者とならない場合を包含しうる（婚姻中に懐胎・分娩したが他の男性が生物学上の父である場合、生物学上の父でないと知りながら好意で認知する場合など）が、いずれも、自然生殖によったであろう、との蓋然性を根拠として父を定める制度である。これに対して、女性カップルでは両者の自然生殖によっていないことが自明であり（ただし、トランスジェンダー当事者はこの

限りでない。審議段階での紹介として、小門 2022)、推定・認知はそのままでは使えないとされた。

▶ Ⅲ案は、異性カップルであるか女性カップルであるかを問わず、AID 等の第三者提供生殖補助一般につき、「事前の申述」による親子関係確立を求めた。しかし、異性カップルにとって不当な現状変更であると批判された。異性カップルがこの方法で子をもうけても、外からは自然生殖と区別できないから、事実を秘匿できる。特別の方式を要求するとこの利益が害される、という。

出来上がった規定をみてみよう。342-11 条は、1 項において「共同認知」を求める。Ⅲ案を同性カップルに限って借用しつつ、Ⅱ案への批判を容れずに「認知」の語を使う。既に一貫していない。2 項はさらに一貫性を損なう。分娩者との母子関係は 311-25 条による旨が規定された。この条文は既にみた。母子関係は出生証書の記載によるとの規定である。これに対して、非分娩者は共同認知による。「共同」といいつつ分娩者と非分娩者とで区別している。Ⅰ案に対する批判と同様の批判が妥当する。

この 2 項は、国会審議中の修正案に由来する。元の案では、分娩者・非分娩者のいずれも共同認知（当初の用語は上述の「事前の申述」）で母となるとの規定であり、同等の取り扱いとしていた。しかし、この案は〈分娩者＝母〉原則に反すると批判された。原則を死守しなければ、代理出産禁止というもう 1 つの原則も揺らぐ、という。説明を要する。

2. 代理出産？ ────────────────

代理出産のルールをみよう。1991 年の最上級審判決と 1994 年の

第6講　母子関係の比較法

生命倫理法以来、代理出産は禁止されている。そのための契約は無効であり、刑事罰も科される。子と依頼者との間で養子縁組を行うことも許されない。しかし、国内で禁止しても外国での実施は取り締まれない。長期にわたる司法過程を経て、外国実施の代理出産による子について、国内法上も、依頼者との親子関係確立が認められている（幡野 2021）。

　代理出産に関する論点は〈分娩者＝母〉原則の射程である。分娩者である代理母を母とすることなく、依頼者を直ちに母としてよいか。換言すれば、養子縁組とは別の仕方で「意思によって母になること」を承認するか。フランス法は、国内では禁止によって、外国実施の事例でも養子縁組にとどめることで、否としている（今回の改正はこの点にも微細な手当を施した。拙稿 2023）。

　以上を重くみるが故に例外は設けないことにした、といえそうである。しかし、代理出産と女性カップルによる AID とは場面が異なり、あまり説得的でない。ここで考慮されるべきは、共同認知という行為の効力が覆される可能性である。分娩者との母子関係も共同認知によるならば、例えば、手続や意思表示に瑕疵があったので分娩したが母ではない、という主張が許容されうる。これを排する点に〈分娩者＝母〉原則への回帰の意義が認められる。

　その一方で、代理出産への言及にもやはり意味がある。先にある問題を示唆しているからである。想起すべきは「類似の地位にある者には同等の権利を」という前述の命題である。今回の改正は、生物学上のつながりがある子をもつ可能性を女性カップル・単身女性に新たに開いた。男性カップル・単身男性にもそうするべきではないか。しかし、女性の生殖機能を外部に求めなければならない（ここでもトランスジェンダー当事者について論ずる必要があるが紙幅が足り

103

ない。一部につき拙稿 2023)。代理出産が必須となる。以上が隠れた争点であったために、〈分娩者＝母〉原則が代理出産禁止を支える論拠として動員されたものと思われる。

おわりに

1. 日本法から

代理出産と〈分娩者＝母〉原則との関係については、日本法が雄弁である。アメリカで実施された代理出産に関する著名な最高裁判決を引こう。この原則の採用は、「出産と同時に出生した子と子を出産した女性との間に母子関係を早期に一義的に確定させることが子の福祉にかなうということもその理由となっていたものと解される」(最二小決平成 19・3・23 裁判所 Web 平成 18（許）47)。

キーワードは「子と母との一義的関係」である。分娩という固い事実に依拠することで、生をうけたばかりの脆弱な存在に法的地位が確保される。本講の表記によれば、「子──母」に相当する。

これまでみてきたように、現代では、生殖補助により、分娩者と生物学上の母とがずれることがある。また、親となる意思をもって出生のプロセスに参画する者もいる。法は対応を迫られている。しかし、分娩と母子関係との切り離しには慎重であってよい。共同認知について指摘したとおり、一度切り離すと、手続は踏まれていたか、意思は確実であったか、など、争いうる事項が差し挟まれ、子の地位が不安定になる。

2. フランス法へ、再び日本法へ ——————————

フランス法に戻ろう。「子と母との一義的関係」は元来盤石でない。匿名出産が認められているからである。例えば、うまく使うと代理出産を実現できる。本論では触れなかったが、託置までは父からの認知も許される（匿名出産は父にも隠されることが通常であるが、胎児認知があった事例や、探し当てて認知した事例もある。拙稿2015）。代理母が匿名出産、父が認知、そのパートナーが養子縁組、という工程は不可能ではない。事実、1980年代後半の試みは、匿名出産を介在させていた。このように、一義的関係を失わせると隙が生まれる。「X」に産みの母が代入される可能性を留保した2009年改正は、言外の危惧表明といえた。

危惧はあたったようである。ヨーロッパでの代理出産サービスの主要な供給国の1つはウクライナであることが知られている。ロシアによる侵攻開始後、依頼者がウクライナ人代理母をフランスに避難させ、フランス国内で匿名出産をさせたケースがあったという（ル・モンド紙2022年5月19日）。

潜脱になるからやめてしまおう、というのは短絡である。多様な文化が共存するフランスには、中絶も顕名出産も許されない女性が現に存在する。匿名出産の意義が再認識されている。むしろ問題は、国内で代理出産を禁止しながら外国での実施を事実上許容する現状の欺瞞性にあるのではないか。たしかに後者の許容は、依頼者を親とすることが「子の最善の利益」に適うとの判断による。しかし、外国の女性であればその身体を利用してよい、と解釈されかねない。

ひるがえって日本ではどうか。外をみなければ問いに気づくことさえできないかもしれない。外国法の参照も無意味ではないように思われる。

文献案内

- 菊池緑「フランスの匿名出産制度と産みの母の権利」養子縁組と里親の研究／新しい家族 64 号（2021 年）51-60 頁
- 小門穂「フランス生命倫理法改正と『母親』の変容」年報医事法学 36 号（2021 年）10-15 頁
- 小門穂「トランスジェンダーが子どもをもつこと——性別変更と生殖医療」二宮周平＝風間孝編著『家族の変容と法制度の再構築——ジェンダー／セクシュアリティ／子どもの視点から』（法律文化社、2022 年）156-170 頁
- 齋藤哲志「〈立法紹介〉親子」日仏法学 26 号（2011 年）157-163 頁
- 齋藤哲志「〈立法紹介〉国の被後見子」日仏法学 28 号（2015 年）165-174 頁
- 齋藤哲志「〈立法紹介〉生殖補助・親子関係」日仏法学 32 号（2023 年）171-176 頁
- イレーヌ・テリー（石田久仁子＝井上たか子訳）『フランスの同性婚と親子関係——ジェンダー平等と結婚・家族の変容』（明石書店、2019 年）
- 奈良詩織「フランスの生命倫理に関する法律の改正」外国の立法 291 号（2022 年）51-104 頁
- 西希代子「母子関係成立に関する一考察——フランスにおける匿名出産を手がかりとして」本郷法政紀要 10 号（2001 年）397-431 頁
- 西希代子「〈立法紹介〉出自を知る権利」日仏法学 23 号（2005 年）288-290 頁
- 二宮周平『多様化する家族と法 I ——個人の尊重から考える』（朝陽会、2019 年）
- 二宮周平『多様化する家族と法 II ——子どもの育ちを支える、家族を支える』（朝陽会、2020 年）
- 幡野弘樹「家族法——現代フランスにおける生殖補助医療と法」岩村正彦＝大村敦志＝齋藤哲志編『現代フランス法の論点』（東京大学出版会、

2021 年）79–112 頁
・水野紀子「日本家族法を考える（第 14 回）子の出生を考える」法学教室 502 号（2022 年）72–77 頁
・水野紀子「日本家族法を考える（第 17 回）生殖補助医療を考える」法学教室 506 号（2022 年）86–92 頁
・三菱 UFJ リサーチ＆コンサルティング『妊娠を他者に知られたくない女性に対する海外の法・制度に関する調査研究報告書』（厚生労働省平成 30 年度子ども・子育て支援推進調査研究事業）https://www.mhlw.go.jp/content/11900000/000589267.pdf

（2023 年 5 月 15 日　脱稿）

第 7 講 商　法

会社は SDGs のために存在するのか？

松井智予

昨今では、企業に勤めている人も、まだ社会に出ていない学生も、SDGs について理解し、生活や企業活動に取り込もうという啓蒙に日々さらされている。企業に勤める労働者は業績ひいては利益をあげることを奨励されているのに、他方で、活発な活動によって環境や労働者に負荷をかける宿命にあるように思われる企業は SDGs にプラスの存在となる……そんなことは可能なのだろうか。従来の法や制度は、そうした考え方と矛盾しないのだろうか。ESG や SDGs の理念は会社法にどう包摂されるのかを考える。

I

会社法における株主とステイクホルダーの位置づけ

　会社法の教員が SDGs の話をする現代は、ここ数十年の中では非常に特異な時代と言える。近年の会社法の言説はもっぱら agency theory という考え方を中核としてきた。これは、経営陣は、出資者という意味で会社の所有者であり経営陣の選解任権を有するところの投資家の、代理人（agent）であり、彼らの指示に従う（彼らの利益の最大化を目指す）べきところ、しばしば事業内容を投資家から見えにくくして彼らのモニタリングを妨げ、また私的な便益のため

108

第 7 講　会社は SDGs のために存在するのか？

に事業展開や報酬の体系を歪めるため、監視と規律が必要であるという考え方である（津野田 7 頁、58 頁）。

　会社法は、株主による経営陣の選解任、報酬決定あるいは事業執行の監視監督をより効率的なものとする多くの条文を有する。しかし、その他の利害関係人（ステイクホルダー）に権利を与える条文は、帳簿閲覧権のほかは①設立時の財産が毀損されて倒産した場合に債権者を守る取締役の責任に関する規定（52 条）、②不法行為に類似する取締役の対第三者責任規定（429 条）、③組織再編に際して企業の健全性を判断し取引の中断の機会を与える債権者保護規定（789 条等）、その救済に与れなかった者に組織再編の無効の訴えの当事者適格を与える規定（828 条）程度しか存在しない。他方、会社法は、取締役は「会社」に対して善管注意義務・忠実義務を負う（330 条、355 条）とする。会社は株主とは異なる主体であるが、会社法上取締役の選解任権限を有するのは株主であるから、取締役は実際には株主から会社の経営を委任されたと認識している。

　本来、事業体としての「会社」は、取引先、金融債権者、労働者、顧客らとの契約によってさまざまな義務を負う権利義務の集合体であり、「会社に対する義務」は、長期的な事業の社会的意義をもその便益に内包する観念上の「株主」に対する義務と言い換えうるにすぎないはずである。しかし、会社法はあくまで会社に対する取締役の義務を中心に作られており、企業経営者が会社の権利義務をおりなすステイクホルダーの利益を直接考慮にいれて経営を行うことは、（権限として許す外国法の例はあるものの、我が国においては）具体的な条文上の義務ではない。ステイクホルダーの生活環境や所得水準などの維持（サステナビリティ）は、国際機関などによる調整を経て国家が政策を通じて実現を目指すもので、企業はあくまでその国

109

家の規制を遵奉することでステイクホルダーの便益を侵害しないようにする義務を負う存在と捉えられてきた。

　だが、近年国連の掲げるSDGsやサステナビリティの概念においては、企業はサステナビリティを推進する主体と捉えられる。環境汚染や人権侵害の被害は特に将来世代や途上国の人々に負担されるが、現代の日本から離れたこうした人々も、限りある資源を分け合う者という観点からは、会社の「ステイクホルダー」の一員として、考慮されるべき存在であろう。

　そこで、SDGs／サステナビリティの動きは、「会社がステイクホルダーの利益のために活動すべきである」という主張を含むことになる。以下では、ステイクホルダーを会社法上どのように扱うべきかについて考察する。

株主第一主義の歴史的源泉

　歴史を紐解けば、ロバート・オーウェンの工場法改正に見られるように、企業が主導して労働者の生活環境を改善する動きはないわけではなかった。企業の中心的存在である株式会社は、どのようにして「株主のもの」になったのだろうか。

　17世紀以降、植民地を私的な資本で開発するために、政府は「憲章（チャーター）」によって、開発対象地における様々な統治権限を会社に与えた。イギリスやオランダでは、会社の主宰者は、こうした権限を政府から獲得する一方で、船を仕立て、人を集め、開拓初期の費用を賄って交易を軌道に乗せ、またそうしたプロジェク

第 7 講　会社は SDGs のために存在するのか？

トの当初資本である船などが老朽化してきた際に刷新を行うための
資本を、株式を用いて市場で調達していた。遠隔地で長期的経営を
行うなかで、企業は、現地の職人が生産したものを問屋を通じて入
手するという従来型の交易方法を内製化し、自ら生産を行うように
なり、現代の会社に近づいていった。経営者は現地で経営に従事し、
再投資費用をも稼ぎ出したので、本国で利益の分配を待つ株主に対
する説明はしばしば不十分なものとなった。投資家は経営者の説明
を求め、また選解任に影響力を行使して、現在の株式会社法の体系
を作り上げたと考えられる（他方、ヨーロッパ（イギリス）では清教徒
革命や産業革命を契機に問屋など現地の資本家が工場や機械を提供して職
人を組織化することが進み（カール・B・フレイ（村井章子＝大野一訳）
『テクノロジーの世界経済史』（日経 BP、2020 年）136 頁以下）、資金調達
は大きな課題ではなかったと考えられる）。しかし、アメリカにおいて
も 20 世紀初頭には重化学工業の発展とともに企業のコングロマリ
ット化が進展し、経営と所有の分離が著しくなるなど（Berle &
Means, "The Modern Corporation and Private Property", 1932）、経営者
は必ずしも投資家に従順になったわけではなかった。

　この時代の有名な判決として、Dodge v. Ford Motor Co., 204
Mich. 459, 170 N.W. 668（Mich. 1919）がある。創立時の出資者であ
りフォード社（Y 社）に部品を供給する会社を経営していたドッジ
兄弟（X ら）は、同社の 10％ の株式を保有する少数株主であった。
1916 年、ヘンリー・フォードは新工場の建設を中心とした設備投
資のために、Y 社が行ってきた特別配当の支払いを今後停止する
と発表した。この特別配当は、定期的な株式配当の外で支払われ、
1913 年から 15 年の間、毎年 1000〜1100 万ドルが支払われていた。
X らは配当の支払いと新工場建設の差止めを求めて、Y 社を提訴

111

した。下級審裁判所の判決は、Xらの請求をいずれも認容し、Y社は州最高裁判所に上訴した。最高裁は新規設備投資の差止めを却下、特別配当については下級審の判断を維持した。この事案における問題の性質は、①設備投資のような企業活動についての専門的判断に裁判所が介入できるかということと、②設備投資と株主分配のバランスについての経営陣の裁量限度である。もっとも、この紛争の本質は③創業者と当初出資者兼取引相手との間の取引条件として設定された利益分配を廃止することが少数株主の事後的抑圧に該当するかどうかであった可能性もある。

　最高裁は、①について「取締役が会社資金の詐取や不正使用の罪を犯していると思われることが明瞭であるとか、事業に差し障りなく株主に配当できる純利益の余剰があるのに配当を拒否した場合、また拒否が詐欺とみなされあるいは株主に対する誠実義務の違反とみなされるような裁量権の濫用に等しい場合以外、裁判所は取締役の経営に干渉することはない」と述べ、また②については「自分や株主が公衆に対して負っているとフォード氏が考える義務と、異議を申し立てている少数株主に対して自分やその共同の取締役が法律上負っている義務とを、混同すべきではない。営利法人は株主の利益を主として、そのために組織され運営される。取締役の権力はその目的のために用いられるはずである。取締役の裁量は、その目的達成のための手段の選択において行使されるべきであり、他の目的に利益を捧げるために、利益目的それ自体を変更したり、利益を削減したり、あるいは株主間の利益配分をなくすことにまで及ぶものではない」とした。この②の判示は、業務の執行方法は裁量に任されるとしても、経営者は株主と約定した利益を侵害する業務執行はしてはならないという規範を述べる。③のようにXYの関係は一

112

第 7 講　会社は SDGs のために存在するのか？

般的な経営者と株主のそれとは異なっていた可能性はあるが、同判
決は経営陣が株主のために裁量権を制約されていることを示す象徴
的判決として株主第一主義の先駆となった。

　上記判例においても、経営陣による設備投資という事業行為の裁
量自体は制約されたわけではない。会社自身が、雇用の拡大・賃金
の上昇などを通じて、報告・分配の対象となる利益以前の稼得資産
を社会に分配すべきという主張はなお可能であろう。しかし、経済
停滞が深刻化したニューディール期、戦時経済の第二次世界大戦時
および社会主義政府と比較される立場にあった冷戦期（1970 年代）
において、アメリカの所得税の法定最高限界税率は 80〜90％ にの
ぼり（サエズ／ズックマン 67 頁）、政府による再配分機能が強く働い
ていた。租税回避が正面から認められた 1980 年初頭まで（同書 89
頁）、企業はより多くを投資家らに分配すればよく、再分配は政府
もしくは投資家自身の役割だった。そこで、この時代の経営者の思
想は、どのように企業活動を効率化し、多くの利益をあげるかに集
中し、その利益が誰に帰属・分配されるべきかを検討するアプロー
チ（岡本人志「ドイツの経営学における『企業の社会的責任』の理念」尾
道大学経済情報論集 8 巻 2 号（2008 年）89 頁以下参照）は主流とならな
かった。

　ミルトン・フリードマンは、1970 年 9 月 13 日付ニューヨークタ
イムズの論説において、このような考え方を規範的に強く主張した
（Milton Friedman, "A Friedman Doctrine--The Social Responsibility Of
Business Is to Increase Its Profits " The New York Times Sept. 13, 1970）。
彼はこの論説で、私的所有に基づく自由企業体制の下では、企業の
経営者とは、企業の所有者の雇われ人であり、したがって、経営者
の責任とは雇主の欲求に従って企業を運営することに尽き、社会の

基本的なルール（規制や商慣習など）で決まっていることは守りながら、その中でできるだけ多くのお金を稼ぐというのが会社のあるべき姿であるとした。

株主第一主義の理論的根拠づけ

　戦後の法と経済学の潮流は、このような投資家による会社の支配に数学的な裏付けを与えた。たとえば債権者と株主が100ずつお金を投資して1期だけ企業を運営した場合、企業が大きな利益をあげても債権者は1期の利率が10％と約定されていれば110のみを返済され、逆に会社が元本を毀損した場合には優先的に弁済を受ける。他方、株主は、会社が事業価値を210以上にできなければ投資元本を増やせないが（債権者に劣後する「残余財産分配権者」と呼ばれる）、逆に企業の価値が200から310に大幅に増加すれば、210を差し引いた100を配当として受け取ることができる。投資元本である株式価値の100と合わせれば、社資産が200から310へと50％程度増えたに過ぎないのに株主の資産価値は2倍に増える。株主の投資に対しては損益を増幅させる「レバレッジ（てこ）」の効果が働いていると言える。そこで株主は、会社の利益を追求するより強い動機を持つ。しかし彼らは日常的に経営者を監視することはできず、経営者のコントロール力が弱い。そこで、法律上彼らに取締役の選解任権を与えることで、経営陣に利益を追求させることができるわけである。

　経営陣は、投資家のために利益を追及しながらも、株式会社で大

第 7 講　会社は SDGs のために存在するのか？

規模に事業活動を行うことで、なお、個人事業者より多くの価値を
ステイクホルダーにもたらすかもしれない。商品をより大量・安価
に生産して顧客に提供し、より多くの人員を雇用し、また技術革新
を加速して社会を便利にできるかもしれない。もっとも、こうした
社会貢献は、創出される企業価値全体が大きくなることの副次的効
果として観念されるものにすぎず、実際にステイクホルダーの生活
水準が上昇したかは測定困難である。企業価値を上げれば株主への
還元も増え、その達成度は株価に反映されるという考え方は、バブ
ル崩壊後、株価が低迷し外国資本による株式取得が進んだ日本にも
浸透した。しかし、日本の企業が株価を重視する経営を通じて企業
価値をあげ、投資家・ステイクホルダー両者への分配を増やしたか
どうかは検証されていない。また、投資家に還元された配当が再分
配されて社会に均霑されたかについても、検証されていない。ただ
し、冷戦後の新自由主義の小さい政府のもとでは累進税率は引き下
げられ、政府による再分配機能は顕著に下がった。1970 年代まで
は富裕層の平均税率は 55％、現在は 30％ 程度であり、さらに租税
回避が非常に増えたとされる（サエズ／ズックマン 73 頁、130 頁）。こ
の海外への租税回避の容易化が、税率引き上げをより困難にしてい
る。

　こうした動きのなかで、近年では政府の再分配に代わるものとし
て、企業活動自体の社会への貢献や課題、企業倫理の重要性が唱え
られるようになってきている。アメリカでは企業倫理がビジネスス
クールの講義科目になり、また主要な上場企業の参加するビジネ
ス・ラウンドテーブルが、アメリカの経済界は、株主だけでなく従
業員や地域社会など全てのステイクホルダーに経済的利益をもたら
す責任があるとの声明を出している。他方で、ヨーロッパでは、サ

115

ステナビリティのための開示やデュー・ディリジェンス（環境や人権に対する自社の悪影響を自ら調査し是正・予防措置を取る手続。以下DDとする）を加盟国各国が制度化することを義務付ける指令が出されている。

ステイクホルダー重視のアプローチ

アメリカが自主的な声明や倫理教育に重点を置いてきたのに対し、ヨーロッパのアプローチが規制による強制なのは、なぜなのだろうか。

アメリカのようにステイクホルダーが企業経営に組み込まれるためには、企業は自社にとってどのステイクホルダーが重要かを特定しなくてはならない。経営陣は、当該ステイクホルダーとの信頼を築くことによるリスクやチャンスを明らかにすることで、ステイクホルダー重視を株主に対する言い訳ではなく、具体的な事業戦略として位置付けることができる。単純なプロセスに思われるが、実はそれほど自明なものではない。コロナ禍の外出制限の環境下で、日本企業は自主的に営業活動を自粛したが、例えば食料の宅配事業は、株主（収益）を重視して配達を拡充するのか、既存顧客を重視して新規受付を中止するのか、従業員の健康を気遣って事業を休止するのかなど、困難な選択を強いられたと思われる。

また、企業が経営の観点から重視するステイクホルダーを特定しても、公益的観点から重視すべきステイクホルダーの利益は、企業が自由に決められないことすらある。非常事態に関する法制度がな

第 7 講　会社は SDGs のために存在するのか？

い日本では、コロナ禍でもっとも重要なステイクホルダーの選択は企業ごとの経営判断に委ねられた。しかし、東京都の百貨店が営業休止を発表すると、地下の食品売り場が住民にとって重要という経済産業省の指摘がなされ、この発表は撤回された。同様に、環境や人権のステイクホルダーは、そのままでは企業が経営戦略上もっとも重視するステイクホルダーとはならない可能性が高い。環境悪化に苦しむ将来世代や、人権を侵害される労働者などは、元々経営に対する影響力が特に弱い主体であり、彼らの保護は企業が自発的に負担しないものだからこそ社会問題化してきたとも言えるからである。

　このような中で、「環境や人権は、収益を追及する企業行動の中で自発的に保護される」という説明が成り立つのは、投資家の価値観自体が、上記の仮想的株主のように環境や人権をいった社会の長期的利益を内部化し、経営陣と方針について合意できる場合である。機関投資家がスチュワードシップコードを遵守することで、こうした状況が部分的に成立する場合もある。もしこのような関係が成り立たなければ、「収益とは無関係に企業は環境や人権を保護する義務を負う」と、より直截な説明をする必要が生ずる。両者は併存しうる考え方だが、後者は法による強制によってでも企業に環境・人権を守らせることができる。アメリカは、投資家や経営者の価値観主導で会社を変化させることができるという立場であろう。他方、ヨーロッパの手法は、サステナビリティの観点から重視すべきステイクホルダーを企業の戦略と関係なく措定し、強制を伴ってでもその保護を求めるものといえる。ただし、現実には、各 EU 構成国の法律は必ずしも強い強制力を伴うものではない。

117

サステナビリティ DD 規制

　以上の説明に関わらず、ここ数年で、サステナビリティに関する情報の開示や保証を求め、国際的に基準を統合しようとする動きや、取引がサステナブルであることを DD を通じて確保することを求める EU 指令など、ステイクホルダーの権利を強制力（開示義務違反に対する課徴金や指令違反に対する上市規制）をもって担保しようという試みが急激に進んできた。

　ここでは特に人権との関係で、EU のサステナビリティ DD 指令および日本のガイドライン導入の背景とその内容について整理しておこう。人権については世界人権宣言や ILO の中核的労働基準などの規範が古くから存在する。しかし、日本の企業が国内の下請企業や発展途上国の取引先から原料や部品を調達した場合、当該企業は単体ではそうした規範に反していなくとも、製品価格を安くするために低廉な部品を買い求めれば、結果として上流にいる企業の労働条件を圧迫し、人権侵害の構造を定着させている可能性がある。こうした取引により、バングラデシュでは労働者が過密な状態で働いていた縫製工場のビルがミシンの振動で崩落し、多くの人命が奪われる事故が起きた（ラナプラザ事件）。

　これを受け、国連がビジネスと人権にかかる指導原則を発表し、OECD や EU も続いた。指導原則は各国が原則を実施するための National Action Plan を定め、いつまでに何をするかを明示することを求めた（山田美和「『ビジネスと人権に関する国連指導原則』をいかに実行するか――日本の行動計画（NAP）策定にむけての報告書」

（IDE-JETRO、2017 年）参照）。また、OECD や EU の原則や指令は、従来紛争鉱物や衣類・履物など、人権侵害が起きやすい分野を特定し、当該分野で責任あるサプライチェーンを構築するために行われてきた DD を一般化するものであった。

　EU 指令案は、EU 域内で設立された企業のうち全世界での年間純売上高が 1 億 5000 万ユーロ超、かつ、年間平均従業員が 500 人超の企業、あるいは年間売上高が 4000 万ユーロ超、かつ、ハイリスクと指定されている繊維、農林水産、工業などの分野の売上高が 50% 以上を占める、250 人以上の企業という、ハイリスクセクターや取引関係の広い企業に絞って、DD の実施義務を規定する。対象企業は、経営方針に人権や環境を取り込んだ上で、自社の事業の及ぼす悪影響がどのような場面・分野で生じやすいのかを特定し、取引先に対する調査（年次アンケートや監査）を行い、悪影響が発見された場合は補償の提供を含めた是正措置計画を出すこととされる。企業は継続的なビジネス関係を持つ取引先による活動をも DD の対象とすることが要求されているので、指令は域外企業にも大きな影響を持つ。取引先の域外企業の反発が考えうるが、各国が国連指導原則に賛成することで実施上の困難は軽減される。日本では 2020 年に環境 DD についてのみ手引書が公開されていた状況であり、2020 年の内閣府連絡会議により人権尊重についての NAP が策定されたことが、2022 年、経済産業省による「責任あるサプライチェーン等における人権尊重のためのガイドライン」策定につながった。

Ⅵ

実施に際しての問題点

　ガイドラインの実施に際しては、既述の通りビジネスへの負担の問題を避けて通ることはできない。低廉な製品価格は取引先での賃金の圧迫につながるが、取引の上流での賃金水準の上昇分やDDコストが製品価格に転嫁されると、最終的な製品の販売価格はある程度高くなる。例えば、フェアトレードの商品はこれと同様のコンセプトに基づいて販売されているが、価格転嫁が敬遠されて、エシカル消費の裾野が広くない日本では商品の本流となっていない。環境や人権への悪影響が本質的に自主的な内部化が困難なものならば、そのコストを完全に価格転嫁すれば存続できなくなるようなビジネスが、市場にはすでに多く存在している可能性すらある。日本は、法令による遵守の義務付けは困難としてガイドラインを策定したが、その遵守のために企業がどの程度努力できるか、悩ましい問題が生じよう。

　上記の通り、OECDやヨーロッパでは、サステナビリティDDに先行して高リスクセクターに対する個別のDD規制が浸透しており、実施上の混乱は少ないと思われるが、日本ではもともとそうした個別の分野の取組みは規制に基づかずに行われてきたし、人権侵害を救済する特別な法律もない。したがって、日本企業は、人権DDの知見やその執行を担える企業内人材の調達に制約があり、企業活動中どの程度のコストを割くべきかなどの判断にも苦労するであろう。企業が、下請企業との取引条件や職場のハラスメントなど、より身近な問題に人員を割けば、監視の難しい取引先での深刻な人

120

第 7 講　会社は SDGs のために存在するのか？

権侵害を是正するリソースは確保できなくなるかもしれない。

　DD 実施範囲の問題もある。たとえば外国人実習生に対する、強制帰国やパスポート没収、暴行や脅迫など悪質な人権侵害等の告発・通知件数は、増加傾向にあり、現在議論されている同制度見直しにおいても重要な論点となっている（2023 年 3 月 20 日、仙台のコミュニティユニオンである仙台けやきユニオンは、政府外郭機関である認可法人外国人技能実習機構に対し「不当労働行為」に対する損害賠償を求めて提訴している）。また、日本では多様な委託契約や下請関係を駆使して事業活動が行われており、下請企業や委託契約の労働者がグループ会社あるいは事業部門に機能的に類似しているのに、委託や請負契約で働く労働者の労働条件が正規従業員よりずっと過酷な場合も多い。そのため、契約の名称に依存せずに取引関係を調査し、あるいは資本や経営の状況次第では取引先と扱うのでなく企業自身の DD の対象とすることで、結果を隠蔽せず、また弱い取引相手に DD の負担を押し付けないようにすることも、選択肢となろう。

　現行会社法の運用において将来的に問題となるのは、以下の点である。まず、サステナビリティ DD の実行や、逆に廃止を義務付ける定款変更が株主提案された場合の対応である。日本の会社法は株主の発言権を強く認めており、SDGs に関する株主の意向が事業遂行にかかる経営陣の裁量との間で優先性を争うことになる。これをどこまで認めるかは今後大きな問題となってこよう。第 2 に、取締役の対第三者責任（会社法 429 条）の運用である。この条文は比較法的に珍しく、第三者が直接に取締役にアクセスできる根拠を与えており、そもそもその解釈論自身が錯綜しているところではあるが、ガイドライン等の整備により、ステイクホルダーの代表者が経営陣の責任を追及する新たな契機が発生したのかどうかが問題とな

121

ろう。第3に、サステナビリティに関する開示をどう制度化するか
という問題がある。開示を求める投資家は世界中に存在し、開示の
形式は国際的な基準策定団体と調整することとなるが、開示を行う
べき企業の規模、導入の時期、開示した内容が事実と異なっていた
場合の経営陣の責任など、整理が必要な問題が残る。

　サステナビリティにかかる企業対応は、実践可能性や採算性に不
安を抱えながら緒に着いた段階で、企業は価値の迷路を手探りしな
がらの方針決定を余儀なくされている。こうしたコストを減らすた
めには、政府がまずは普遍的に守られるべきミニマムな事項からで
あれ、明瞭な姿勢を示すことが望ましいかもしれない。

── 文献案内 ────────────────────────

・津野田一馬『役員人事の法制度──経営者選解任と報酬を通じた企業統
　治の理論と機能』（商事法務、2020 年）
・エマニュエル・サエズ／ガブリエル・ズックマン（山田美明訳）『つく
　られた格差──不公平税制が生んだ所得の不平等』（光文社、2020 年）
・Dorothy S. Lund & Elizabeth Pollman, *The Corporate Governance
　Machine*, Colum. L. Rev. Vol. 121: 2563（2021）.

第 8 講　　　　　　　　　　　　　　　　　　知的財産法

なぜデッド・コピー（酷似的模倣）を禁止しなければいけないのか？

田村善之

　「不当な模倣行為を規律する条文を作りたいけれど、どうしたものでしょうか？」
　1992年の夏に通産省（現、経産省）から筆者が受けた相談は、端的にいうとそういうものであった。
　法学というと、既存の法律の条文の解釈に終始しているような印象を持たれるかもしれない。たしかに法学の主領域が法解釈論にあることに間違いはないが、ただ、法学の裾野はさらに広く、立法論を展開することも法学者に期待される役割の一つである。全く新たな法律の制定に深く関わることになった筆者の実体験から、法学の面白さの一端を感じ取ってもらえれば幸いである。

はじめに

　本講で扱うのは、不正競争防止法2条1項3号による、他人の商品の形態のデッド・コピー規制である。「デッド・コピー」というのは、他人の商品の形態をそっくりそのまま模倣する行為のことを指す和製英語である。
　不正競争防止法2条1項3号は、不正競争行為の一つとして、

「他人の商品の形態……を模倣した商品」を取引に置く行為を規律している。そして、ここでいう「模倣」の意味については、2条5項で、「他人の商品の形態に依拠して、これと実質的に同一の形態の商品を作り出すこと」と定義されているから、伴せて読むと、他人の商品の形態に依拠して作り出した実質的に同一の商品の形態を取引に置く行為が不正競争行為として規制されていることになる。保護の期間は商品の最初の販売後3年間とされている（19条1項6号イ）。

　この2条1項3号ができたのは1993年であるが、たまたま筆者はその改正の作業にかなり深く関与したので、本講ではどういった趣旨でこの法律ができたのかということを語ろうと思う。それによってこの法律のことを詳しく知ってもらおうというのではない。むしろ、知的財産に関わる法制度を作ろうとするときに、どのような観点に気を付けたらよいのかということに関する筆者の考えを、その実体験とともに伝えたい、というのが本講の意図である。

通産省の思惑

　1993年の不正競争防止法の全面改正につながる作業は、所轄の通産省の主導の下、1991年から始まっている（田村善之『不正競争法概説〔第2版〕』（有斐閣、2003年）4-5頁）。その際、通産省知的財産政策室が改正の目玉にしようと目論んでいたのが、不当な模倣行為を規律する規定を設けるということであった。

　当時は、特許法や著作権法などの明文で規律された知的財産権が

第 8 講　なぜデッド・コピー（酷似的模倣）を禁止しなければいけないのか？

存在しない場合に、不当な模倣行為を規律する条文はどこにもなかった。民法 709 条の一般不法行為法による救済も、ほとんどの裁判例で否定されていた。通産省の目論見は、改正によってこうした状況を一変させようとするものだったのである。

　起草過程では、改正のための下ならしのために、通産省の外郭団体である知的財産研究所内に不正競争委員会というものが設けられていた。1992 年 7 月に開催されたその第一回の会合で、事務局（＝通産省の担当部署）から他人の成果を冒用する行為（フリー・ライド）を規律する規定を新設するという方針が提案された。しかし、それに対して産業界の委員（企業の法務部・知財部の部課長クラス）は、ほぼ全員が反対した。成果へのフリー・ライドであるとか、不当な模倣行為などという不明確な概念で競争行為を禁止されてしまうのでは、予測可能性がつかず、ビジネスの遂行に支障を来すというのである。そこで、同委員会に委員として参加していた筆者はあえて発言をすることとし、不当な模倣行為を規律するというのはあくまでも大まかな方針なのであって、事務局案もそれをそのまま条文化するつもりは毛頭ないはずであり、何を不当な模倣行為と呼ぶのかということはこれから議論をしていけばよいではないか、たとえば、デッド・コピーであれば、皆さんもこれを規制するのにやぶさかではないであろう、という趣旨の意見を述べて、矛を収めてもらったということがあった。

125

当時の学説の状況

　通産省の提案にはやむを得ない側面もあった。それが当時の日本の知財法学の状況でもあったからである。

　その原因は、立法論を展開する方法論が発達していなかったことに求めることができる。他方、出来上がった法律の条文の解釈をなりわいとしているので、立法論もその延長線上で議論することになるのであるが、そのような解釈論的な手法では、ともすれば、各種の個別法（特許法、著作権法 etc.）で保護されていないものがあると解釈されると、ただちに「法の欠缺」があると考え、立法で保護すべきであると提言する、という議論になりがちである。しかも、具体化の手法を欠いているために、その立法論は抽象的なものに止まりがちとなる。その結果、競争秩序なるものを維持するために、不正な模倣行為を規律するという程度のものを超えるものが出てこない、という構造的な限界があったのである。

筆者との相談

　さて、初回の不正競争委員会でつまずいてしまった通産省は、捲土重来を期して、筆者と相談したいということになり、1992年8月に知的財産研究所内で会合を持った。

　その際に、通産省が持ち出した具体化案は、東京高判平成3・

12・17知裁集23巻3号808頁（木目化粧紙）の判旨に依拠するものであった。個別の知的財産法の保護が及ばない領域において、例外的に不法行為該当性を認めたことで、当時、大いに注目を集めていた判決である。その判旨は、そのまま要件化すると、① 創作的要素により商品の価値が高まっていること、② デッド・コピーであること、③ 競合地域で（廉価で）販売することになりそうなものであった。

　しかし、裁判所は、当該事件の事案の下で、当該事件の原告と被告のバランスを考えて原告を勝たせるための理由付けとして、当該事件に現れた事情で原告に有利に使えるものをふんだんに活用する説示となりがちである。これに対して、立法論として制度を設計するときには、当然のことながら、他の事案を含めてどのように規律すべきかということを考察する必要がある。

　実際、会合において、筆者が通産省に示した提案は、その年の10月に公刊する予定ですでに脱稿済みであった同事件の判例評釈（田村善之（判批）特許研究14号（1992年）32-43頁）に基づくものであって、判旨の要件論とは全く異なる立法論を呈示するものであった。そして、実は、この会合の際に筆者が示した提案が、結局、ほぼそのまま不正競争防止法2条1項3号となって結実することになるのである。

立法論の際に心がけるべきこと

　筆者の提案は、知的財産法に関連する立法論を展開する際に特に

重要と考えている二つの観点を反映したものであった。

　第一のものは、市場と法の役割分担という観点である。法学者はときとして、自分のやっている学問が法律なので、法による規制が最終目標だと考えがちである。しかし、実際には法による規制だけが問題を解決する手段ではなく、法以外の様々な制度が存在する。たとえば、その一つが市場である。法による規制がなくても、市場が何とか問題を解決したりする場合がある。そうだとすると、法という解決手段を相対化したほうがよい。人々の経済活動を不必要に規制する有害無益な法律にならないように、なぜ法の介入が必要なのかという、その見極めをなすことが必要となる。

　第二のものは、判断機関の役割分担という観点である。仮に第一の観点を通過して、市場ではなく法による解決を介入させるべきということになったとしても、その次にどの機関でどのように判断するのかということを考える必要がある。たとえば、不正競争防止法は著作権と同じで、いきなり裁判所で保護を求める制度である。技術的な知的財産については、一般的には特許庁で判断するような制度を置いているのに、そこに行かずに、いきなり裁判所で保護を求めることができるようにするのはなぜなのか、ということを明らかにしない限り、なぜ不正競争防止法による保護が必要であるのかということを解明したことにならない。

　もとより、これらのことは筆者が独力で思い付いたわけではない。第一の観点は、コンピュータ・プログラムについてどのような保護が望ましいかということに関して、市場と法の役割分担を考えるという法と経済学的思考を用いた市場指向型アプローチという米国の議論から教わったものである（D. S. カージャラ「著作権、ソフトウェアと新保護主義」D. S. カージャラ＝椙山敬士『【日本-アメリカ】コンピュ

ータ・著作権法』(日本評論社、1989 年) 62-64 頁・83-85 頁・132-134 頁)。第二の視点は、行政の活動を一連のプロセスと捉え、何かの目的が決まったときにその目的に応じて活動する行政の諸活動を統御し得る学問体系としての行政過程論を打ち立てた塩野理論(塩野宏『行政法Ⅰ 行政法総論〔第 6 版〕』(有斐閣、2015 年) 54-60 頁・96-101 頁)から示唆を受けたものである。

その他、知的財産関連の立法の際には、第三に、私人の自由を確保することであるとか、第四に、政策形成過程のバイアスに留意することも大切なのであるが(田村善之「知的財産法政策学の試み」、同『知財の理論』(有斐閣、2019 年) 18-23 頁、同『知的財産法〔第 5 版〕』(有斐閣、2010 年) 11-26 頁)、紙幅の都合上、別の機会に譲ることにしよう(一例として、田村善之「著作権法の過去・現在・未来」東京大学法学部「現代と法」委員会編『まだ、法学を知らない君へ——未来をひらく 13 講』(有斐閣、2022 年) 123-138 頁を参照)。

市場と法の役割分担という観点からの帰結

第一の市場と法の役割分担という観点からは、デッド・コピー規制との関連で、市場先行の利益に着目しようという帰結が導かれる。

それは、他人の商品や営業の模倣行為が全て禁止されているわけではないということに関わる。

(a) 個別の知的財産権の立法がないので、その保護対象にならないが、創作的な商品や営業がある。たとえば、新種のコンセプトの雑誌や、新種のビジネス方法などには特許権などの知的財産権の保

護は及ばない。また、日本におけるコンビニエンス・ストアの起源には諸説あるようだが、1970年代までにそれがビジネスとして成功を収めると、同様の手法を取る新規参入が相次ぎ、現在に至るまでのコンビニエンス・ストアの隆盛を迎えることになる。

（b）個別の知的財産法による保護を受ける可能性はあるけれど、その保護が大きな意義を持たない商品もある。たとえば、衣服のデザインなどは登録意匠権の保護を受けることができるが、そのライフ・サイクルが1シーズンに限られ、それが特許庁の審査期間に比して短いために保護が大きな意義を持たないことが多く、また、多数のデザインの中でヒットするものの確率が低く、出願のコストに見合うだけの期待収益を見込めないことが多いこともあって、登録例は少ない。

（c）さらに、同じく個別の知的財産法による保護を享受する可能性はあり、しかも、その保護が大きな意義を有するにもかかわらず、出願をしていない等のために産業財産権の保護を享受しない創作的商品も多数ある。

こういった（a）（b）（c）の商品や営業は、知的財産権で模倣行為を禁止することができない。かえって、模倣者となったほうが開発のコストをかけない分、有利となるように思われる。しかし、それにもかかわらず、世の中が模倣者だらけになるわけではなく、この種の創作的な商品や営業を開発する者も後を絶たない。模倣されることが分かっているのに開発されるのは、なぜなのだろうか。

答えは、新たな商品や営業を他者に先駆けて市場に置くことに利益（＝市場先行の利益）があるからである。たしかにこれらの商品や営業は模倣自由であるから、いつかは模倣者が参入してくる。しかし、そこまでにはある程度の時間がかかる。したがって、市場に先

第8講　なぜデッド・コピー（酷似的模倣）を禁止しなければいけないのか？

行し得たタイム・ラグの期間中は、新規開発部分に関して競合する
ものがない状態で販売活動を行い、投下資本を有利に回収すること
ができる。また、模倣者が参入してきた結果、市場で競合すること
になった後も、材料の調達ルートや販路の確保、さらには顧客開拓
などにおいて競争上、有利となることもあり得ることに加えて、そ
もそも最初に開発した者であるという世間の評判を活用できる可能
性もある。つまり、市場先行による利益は、新商品や営業の開発の
インセンティヴ（＝動機付け）として機能している。

　ここで、肝要なことは、模倣により他人の成果にフリー・ライド
する行為が、即、禁止すべき行為となるわけではないということで
ある。世の中はフリー・ライドで発展し、豊かになるのである。も
し、たとえばコンビニエンス・ストアというビジネス手法に特許並
みの20年間の独占権が存在するなどの世界では、様々な営業手法
が独占され、競争による価格低下を望めないなどの様々な弊害が生
じるだろう。そうだとすれば、むしろ、模倣は許したままのほうが
原則としてはよいだろうということになる。

　ただし、同じ模倣行為やフリー・ライドといっても、デッド・コ
ピーに限っては別扱いにしたほうがよいかもしれない。新種の商品
や営業を模倣しようとすると、一般にはそれ相応にコストがかかる。
しかし、商品の形態をそっくりそのまままねするデッド・コピーの
場合（たとえば、ルービックキューブなどは、その最初のブーム時、そっ
くりそのままデッド・コピー品が大量に市販されていた）には、デッ
ド・コピーは商品化のコストを大幅に節約できるので、模倣者がよ
り有利となる。しかも、時間も節約できるので、ヒットした商品に
ついて、模倣者は早期に新規参入をすることができる。その結果、
市場先行の利益を享受できるタイム・ラグの期間が大分、少なくな

131

ってしまう。さらに、デッド・コピーをなす者はヒット商品だけをまねして、かつ、デッド・コピーなので代替効果が非常に高い。そのため、ビジネスリスクをほとんど負わない。

したがって、デッド・コピーが適法ということになると、市場先行による利益が失われ、新商品の開発が過度に減退しかねない。それならば、市場先行の利益を守るための法律を作ってもよいだろう。

前述したように、「公正な競争秩序」とか「競争倫理」とか抽象的なことをいうだけでは、いっこうに要件論が具体化しない。これに対して、新商品の開発を促すインセンティヴとして機能している市場先行の利益を保障するというより具体的な目的のために、模倣行為を規律するのだとすると、要件論も自ずから具体的なものとなる。

第一に、規制行為は、デッド・コピーに限定する。ここで、不当な模倣行為などという不明確な要件とはしない。デッド・コピーに限定する理由は、それが市場先行の利益を定型的に失わせることが明らかな行為だからである。他方、デッド・コピーに至らない模倣、たとえば、商品のコンセプトが模倣されたとか、営業が模倣されたなどという場合には、市場先行の利益が定型的に失われるということはないので、立法の対象とはしない。個別の知的財産次第では、デッド・コピーを超えた保護が必要な場合はあり得るが、それはそうした個別の知的財産の事情に応じた個別の立法で対処すべき話であろう。

第二に、保護の対象はすべての商品とする。商品の創作的価値を問わないということも提案した。なぜならば、創作的価値の判断は微妙な場合がある。しかも、保護は3年に過ぎない（もっとも、保護期間を明示的に3年と限定すべきかということに関しては、当初、筆者

132

に迷いがあり、1992年8月の通産省との会合の時点では、相当期間という一般的な条項でも足りると考えていたので、ここは後付けの理由である)。さらにいえば、デッド・コピーをなした者は価値を認めているからコピーをしているのであって、この判断を省略しても、大半の事例では実際に創作的価値はあるだろう。それならば、デッド・コピー規制を裁判所限りでの判断とする以上、創作的価値などという特許庁のような専門的な判断をなす機関に相応しい要件をあえて導入する必要はないのではないか、というのが筆者の提案であった(一般的に不当な模倣行為を規律するに際しては、商品の創作的価値を要件とすべきとするのが当時の考えであったから、この提案はよくそのまま立法にまで至ったものだと思う)。

　第三に、行為態様は、デッド・コピーであれば原則禁止とする。不正競争の目的などの主観的要件は不要とする。デッド・コピーを禁止する理由は、それが競争上の倫理に反しているからなどというところにはなく、市場先行の利益の確保にある。そして、主観的目的がなかったとしても、デッド・コピーがなされている限り、市場先行の利益は過度に失われると思料される以上、規制の対象とすべきである。

法的判断主体間の役割分担という観点からの帰結

　ここまでは、デッド・コピーは市場先行の利益を定型的に過度に阻害するものであるから、規制が必要であるという市場と法の役割分担の話であった。次なる問題は、その判断をどの機関で実現する

のかということ、つまり、法的判断主体間の役割分担である。

　市場と法の役割分担の観点を吟味した結果、法が介入すると判断されたとしても、その介入の仕方には様々な選択肢がある。その選択肢のどれを取るかということもきちんと議論しなければならない。なぜこのデッド・コピー規制を不正競争防止法で扱うのかということも明確にしなければならない。

　このような問題を扱う際に、伝統的な法解釈学者に多い考え方は、○○の行為は不正競争防止法の体系に馴染むとか馴染まないとか、特許法的な体系に馴染むとか馴染まないとか、その種の既存の法律の枠組みで説明しようとするものである。実際、当時、筆者は、直前の 1990 年改正により営業秘密の不正利用行為規制が導入されるまでは標識法や表示に関する規制が中心であった不正競争防止法について、それゆえに同法は知的財産法ではない旨を説く抵抗勢力にしばしば遭遇した。しかし、解釈論ではなく、立法論をしている以上、既存の法の枠組みを変更することもできる（e.g. 標識型以外の知的財産法であるデッド・コピー規制を不正競争防止法に導入する）のであるから、この種の議論は、その体系によって守るべきものが何であるのかということを明らかにしない限り（e.g. 標識に関する判断は、特許庁のような専門機関の判断を経なくとも、裁判所限りの判断に馴染みやすい）、望ましい立法論に対して有害無益な箍をはめることになりかねない。

　より有用な立論は、機能的な問題として考察することである。デッド・コピー規制をするときに、裁判所限りでの判断とするのか、それとも特許庁その他の専門的な機関の判断を介在させるのか、その役割分担を論じていく。そして、裁判所限りで判断する方策を選択した後で、それを個別立法でなさずに、既存の法律の枠組みで包

134

第8講　なぜデッド・コピー（酷似的模倣）を禁止しなければいけないのか？

摂すると、不正競争防止法がよい候補となる、という順序でものを考えればよい（不正競争防止法とすると担当する通産省であることが明らかとなるという特徴もある）。

　つまり、考えなければならないことは、裁判所限りでなぜ保護するのか、なぜ特許庁を関与させないのかということである。そして、デッド・コピー規制に関していえば、特許庁に出願することによって保護される特許権、意匠権などの産業財産権の枠組みを超えて、世の中に包括的に存在している新商品開発のインセンティヴを保障することがデッド・コピー禁止の理由なのであるから、そのような保護を享受させるために出願、審査、登録という工業所有権の手続を必要とすることは制度のそもそもの趣旨に反する。

　そして、たしかに、そっくりそのままのデッド・コピー以外の、たとえば背後にある技術的思想の模倣などをも規律するというのであれば、どのような技術的思想が利用されているのかということや、そのような技術的思想が本当に保護に値するのかなど、特許と同様の判断が必要となり、裁判所限りの判断にそぐわないことになりかねない。しかし、規制行為をデッド・コピーに限った上に、保護対象の創作的価値も問わないという制度を設計する以上、わざわざ特許庁のような専門機関に判断させず、裁判所限りとしても構わないと考えられた。

　もっとも、商品の形態に対して裁判所限りでの保護を認める不正競争防止法の保護を過度に強化すると、わざわざ登録意匠権という特許庁の制度が利用されなくなるのではないかということには留意が必要である。ただ、商品形態の保護をデッド・コピーに対するものに限るとともに、その期間を限定するという提案であれば、それほど大きな支障は生じないだろう。デッド・コピーに限らず、より

135

広い保護を受けたければ、あるいはより長期の保護を受けたければ、登録意匠を取得する必要があるので、この点を過度に懸念する必要はないだろう、というのが筆者の考えであった。

結 び

　通産省はこうした私の提案をそのまま第二回の不正競争委員会に提出することになる。今度は委員のほぼ全員が賛成に転じたことにより、一挙に流れが変わる。前述したように保護期間を明示的に3年間としたこと、善意無重過失取得者の免責規定（現在の19条1項5号ロ）を設けたことなどの修正はあったが、基本的には当初、筆者が示した提案が1993年改正による商品形態のデッド・コピー規制として実現することとなったのである。その背景に、市場と法の役割分担、法的判断主体間の役割分担という方法論があったことをつかみ取ってもらえれば、本講の目的は達成されたことになる。

--- 文献案内 ---
・田村善之『知的財産法〔第5版〕』（有斐閣、2010年）30-40頁

第 9 講　　　　　　　　　　　　　　　　　　交　通　法

自動運転と法・その 1
──総論

藤田友敬

> 最近、「自動運転」という言葉を耳にすることが多い。たとえば、2023 年 5 月には、福井県永平寺町において、全国初のレベル 4 の自動運転による公道運行サービスが始まったという新聞報道がなされた（たとえば日本経済新聞 2023 年 5 月 22 日朝刊参照）。しかし、そもそも自動運転とはどのような現象であり、それをめぐってはどのような法的問題が生じるのかについては、きちんと説明されないことが多い。本講では、運転は機械に任せてスマホのゲームに熱中することは法的に許されるのか、自動運転が進展すると自動車事故の責任をとる者がいなくなってしまうのではないか、自動運転にともなってどのような法整備が必要になるのかといった基本的な疑問に対する解説を行うこととしたい。

は じ め に

　本講と次講は自動運転のもたらす法的問題について扱う。本講では、自動運転の現況と法規制全般について概観した上で、近時改正がなされた道路交通法、道路運送車両法の内容を中心に紹介することにしたい。

自動運転とは、運転操作をシステムが行うことで、人間が運転操作の全部または一部をしなくてよくなる運行形態である。現在実用化が進められている自動運転は、主として自動車搭載のレーダー等と人工知能（AI）による制御を通じて運転の自動化を実現するものである。わが国における自動運転の実用化に関しては2014年から2021年まで、高度情報通信ネットワーク社会推進戦略本部・官民データ活用推進戦略会議が「官民ITS構想・ロードマップ」（2022年以降は、デジタル社会推進会議幹事会決定「デジタルを活用した交通社会の未来」）を公表してきているので参照されたい。

自動運転に期待される役割

　自動運転には、いくつかの異なった類型がある。一つは、自家用自動車が安全かつ便利になっていくというタイプである。たとえば機械に任せたまま高速道路を走行することができるといったもので、多くの人が、「自動運転」という言葉から想定するのはこれであろう。第2に、無人の自動運行サービスの提供がある。過疎地等で特定のルートを巡回する無人バス等をイメージしてもらうと分かりやすい。第3は、効率的な物流サービスの実現のための利用で、たとえば自動運転を利用したトラックを用いることで、迅速で時間に正確な輸送を可能とし、物流の効率化を図るものである。このように一口に自動運転と言っても、さまざまな利用形態があり、異なった社会的便益を与える。本講では、さしあたり最初のタイプ（自家用自動車の発展形）を念頭に置くが、それ以外のさまざまなパターン

があることを知っておいて欲しい。

自動運転のレベル

　自動運転の水準を示す場合、米国自動車技術者協会（Society of Automotive Engineers：SAE）のJ3016（Sep2016）が定義した指標が用いられるのが通常である（新聞報道等で見かける、「レベル××の自動運転」と呼ばれるのはこの指標である）。

　J3016（Sep2016）は運転の自動化を5つのレベルに分ける（次頁の表参照）。**レベル1**（運転支援）は、前後・左右いずれかの車両運動制御に係るサブタスクを実行するものである。たとえば、障害物を検知したシステムが車両を減速・停止させる制御を行う衝突軽減ブレーキ付きの自動車はこれに当たる。**レベル2**（部分的運転自動化）は、前後・左右両方の車両運動制御を実行するもので、たとえば、衝突軽減ブレーキに加えて、レーン維持機能や車線変更機能を備えたシステムを搭載した自動車はこれに当たる。

　レベル2までは、人間の運転者が常に車両の運行の安全性のための監視を行い、適切な車両運動制御を行うが、自動運転が**レベル3**（条件付運転自動化）になると、限定領域（Operational Design Domain: ODD）の中では自動運転システムに運行を任せることができるようになる。たとえば、「一定の速度以下で高速道路を走行中の場合」といった形で当該システムが作動する前提として定められた領域においては、すべてのタスクをシステムに委ねることができる。ただし、システムからの介入要請があると、これに対応して運転者が運

表　自動運転のレベル

レベル	概要	安全運転に係る監視、対応主体
運転者が全ての動的運転タスクを実行		
レベル0 運転自動化なし	・運転者が全ての動的運転タスクを実行	運転者
レベル1 運転支援	・システムが縦方向又は横方向のいずれかの車両運動制御のサブタスクを限定領域において実行	運転者
レベル2 部分的運転自動化	・システムが縦方向及び横方向両方の車両運動制御のサブタスクを限定領域において実行	運転者
自動運転システムが（作動時は）全ての動的運転タスクを実行		
レベル3 条件付運転自動化	・システムが全ての動的運転タスクを限定領域において実行 ・作動継続が困難な場合は、システムの介入要求等に適切に応答	システム （作動継続が困難な場合は運転者）
レベル4 高度運転自動化	・システムが全ての動的運転タスク及び作動継続が困難な場合への応答を限定領域において実行	システム
レベル5 完全運転自動化	・システムが全ての動的運転タスク及び作動継続が困難な場合への応答を無制限に（すなわち、限定領域内ではない）実行	システム

※高度情報通信ネットワーク社会推進戦略本部・官民データ活用推進戦略会議「官民ITS構想・ロードマップ2020」（2020年7月15日）23頁から引用。

転を引き継ぐ。これに対して、**レベル4**（高度運転自動化）では、やはり限定領域内でシステムがすべての運転タスクを実施するが、レベル3とは異なり、もはやシステムからの介入要請はなく、自動運転が継続困難となった場合の処理をシステムが行う。その結果、限定領域内では運転者は何もしなくてもよくなる。最後に**レベル5**（完全運転自動化）になると、限定領域内という制限がなくなり、いかなる場合でもシステムがすべての運転タスクを実施することになる。

　現在日本では、レベル3の自動運転車はすでに市場化が実現しており、さらに限定地域におけるレベル4の自動運転（無人自動車の利用）を可能にするための法整備がなされ、運行が開始され始めた状況である。

自動運転にかかわる法的ルール

　自動車の運行にはさまざまな法的ルールが関係する。まず、公道における交通ルールとして**道路交通法**（昭和35年法律第105号。以下、道交法とする）があり、公道を走る自動車が備えていなくてはならない安全性や環境を保護するための技術水準については**道路運送車両法**（昭和26年法律第185号。以下、車両法とする）が定める。また自動車が事故を起こした場合の刑事責任については、主として**自動車の運転により人を死傷させる行為等の処罰に関する法律**（平成25年法律第86号。以下、自動車運転死傷行為処罰法とする）が規律する。民事責任については、人身事故か物を壊す事故（物損事故）かで異なる

が、人身事故を想定するなら、**自動車損害賠償保障法**（昭和 30 年法律第 97 号。以下、自賠法とする）が、自動車を運行の用に供した者（運行供用者）に責任を課しており、また自動車の欠陥が人身事故につながった場合、被害者は**製造物責任法**（平成 6 年法律第 85 号）に基づいて製造者（メーカー）の責任を追及することができる。

　自動運転が法制度に与える影響（たとえば改正が必要となる等）は、規制の性格に応じて異なる。たとえば、車両法に基づいて定められた保安基準が自動運転技術に対応していなければ、自動運転車は保安基準を満たしていないことになり、公道において自動運転車を利用することが不可能になる。道交法についても同様の問題がある。この種の規制については、法制度の与える影響は直接的であり、改正の方向性も分かりやすいため比較的迅速に法改正が行われる（V、VI参照）。

　これに対して、刑事責任や民事責任に関する法制度が与える影響は間接的であり、どういう規制を設けるべきかが分かりにくい。たとえば、自賠法上の運行供用者責任や自動車メーカーの製造物責任が、自動運転の開発や利用にどういう影響を与えるかは評価が難しい。また改正をしないと直ちに自動運転車の利用ができなくなるというものでもないため、法改正の緊急性は低い。実際これらの法律の改正は、これまで行われていない。

道路交通法の改正

1. 令和元年改正：レベル3の自動運転の実現

　令和元年6月の道交法改正（令和元年法律第20号）によって、レベル3の自動運転車の公道走行を可能とするための改正がなされた。

(1) 運転の定義の改正

　道交法70条は、「車両等の運転者は、当該車両等のハンドル、ブレーキその他の装置を確実に操作し、かつ、道路、交通及び当該車両等の状況に応じ、他人に危害を及ぼさないような速度と方法で運転しなければならない」と規定する。ここで「運転」とは、運転者自らがハンドル、ブレーキその他の装置を操作することを指すと解されてきた。これを前提とすると、レベル3の自動運転車の運転者がシステムに運行を任せることは直ちに道交法違反になりかねなかった。そこで、まず「運転」の定義に自動運行装置を使用することも含め（2条1項17号）、自動運行装置に任せきりにする場合にも、運転者は「運転」していると扱うこととした。

(2) 運転者の義務の改正

　道交法は、運転者に対して、安全運転義務等の運転操作に係る義務（安全運転義務、速度制限遵守義務、信号等遵守義務、車間距離保持義務等）を課すが、レベル3以上の自動運転では、走行環境条件内では自動運行装置がすべての動的運転タスクを自動的に実行する。改正により設けられた71条の4の2第1項は、走行環境条件を満た

さない場合には、当該自動運行装置を使用して当該自動車を運転してはならないと規定する。逆にいうと、走行環境条件を満たす限り、運転者自身は交通状況の常時監視や運転操作を行わず、自動運行装置に任せて自動車を運行させることが認められたことになる。

また道交法は、運転中に携帯電話を手に持って通話のために使用したり、カーナビ等の画像表示用装置に表示された画像の注視したりしてはならないとするが（71条5号の5）、レベル3の自動運転による運行中はこの禁止は適用されない（71条の4の2第2項）。レベル3の自動運転中は、たとえば、携帯電話等を使用することも、当然には違法とはされないわけである。ただし、自動運転に問題が生じた場合に、運転者が、直ちにこれを認知し、適切に対処できる状態にあることが条件である（71条の4の2第2項）。

(3) 作動状態記録装置による記録等の義務付け

最後に、自動運転車に係る不具合の早期発見や事故・違反の原因究明のためには走行データの保存が必要であることから、改正後の道交法は、運転者等に自動運行装置の作動状態記録装置による情報の記録および記録の保存を義務付け（63条の2の2）、さらに警察官が運転者に対し、記録の提示を求めることができることとした（63条1項前段）。なお警察官は、記録を視覚または聴覚により認識できる状態にするための措置が必要と認めるときは、自動車メーカー等に対し、当該措置を求めることができる（63条1項後段）。

2. 令和4年改正：レベル4の自動運転の実現 ────

(1) 特定自動運行制度の創設

令和元年改正道交法によって解禁された自動運転は、レベル3ま

ででである。しかし、無人自動運転移動サービスの実現が現実味を帯びてきたため、レベル4の自動運転を可能とするべく令和4年に道交法が再度改正された（令和4年法律第32号）。

改正法は特定自動運行制度を導入した。「特定自動運行」とは、自動運転に問題が生じた場合（正確には、①自動車が整備不良車両に該当しない、②自動運行装置に係る使用条件を満たしているという2つの条件のいずれかの条件を満たさなくなった場合）にも、運転者による運転の引き継ぎがなく、直ちに自動的に安全な方法で停止することができる自動運行装置を備えた自動車を運行することを指す（2条1項17号の2）。複雑な定義であるが、レベル4に該当する自動運転をカバーする趣旨である。

特定自動運行は、運転の定義から除外されるため（2条1項17号）、特定自動運行を行う者には、運転に係る義務や運転者の負う義務は課されないことになり、もっぱら改正道交法第4章の3の定める規制に服することになる。レベル3の自動運転については、道交法上の運転に含めた上で、運転者の義務の一部から解放するという規律であった（1参照）のに対して、レベル4の自動運転については、道交法上の運転ではないと位置づけた上で、特別の許可制度のもとで実施させるという枠組みとなっている。

(2) 特定自動運行の許可

特定自動運行を行おうとする者は、当該運行が行われる場所を管轄する公安委員会の許可を受ける必要がある（75条の12第1項）。許可を受ける際には、当該特定自動運行を行う者の名称等に加えて、特定自動運行に関する計画（特定自動運行計画）を提出しなければならない（75条の12第2項）。特定自動運行を行う際には、特定自動

145

運行計画および許可に際して付された条件があればその条件を遵守しなくてはならない（75条の18）。特定自動運行を行う許可を受けた者は「特定自動運行実施者」と呼ばれる（75条の16第1項）。

　公安委員会は、道交法所定の許可基準（75条の13第1項参照）に従って許可を行うが、許可しようとするときには、特定自動運行によって行われる人や物の運送が地域住民の利便性または福祉の向上に資すると認められるか否かを判断するために、特定自動運行の経路をその区域に含む市町村の長の意見を聴かなければならない（75条の13第1項5号・2項2号）。レベル4の自動運転の典型であるローカルコミュニティにおける無人巡回バスのような利用形態を想定すると、この手続の意義は理解しやすい。

(3)　特定自動運行実施者等の義務

　レベル4の自動運転では、運転者の果たすべき義務の多くは自動運行装置によって実施されるが、特定自動運行において交通事故があった場合の現場における措置等、自動運行装置では対応できない点について措置を円滑かつ確実に実施させるため、特定自動運行実施者は「特定自動運行主任者」を指定しなければならない（75条の19第2項）。特定自動運行主任者は、内閣府令で定められた適性要件を満たす必要がある（同項、道交法施行規則9条の28参照）。特定自動運行主任者を遠隔に配置して、映像・音声によって周囲の道路状況や特定自動運行用自動車の状況を確認する形で特定自動運行を行う場合には、現場対応をする者として、「現場措置業務実施者」を指定しなくてはならない（75条の19第3項）。自動運行実施者は、特定自動運行主任者、現場措置業務実施者その他特定自動運行のため使用する者（特定自動運行業務従事者）に対して必要な教育を行う

146

こととされる（75条の19第1項）。

道路運送車両法の改正

1. 総　説

　車両法は、国土交通省令で定める保安基準（昭和26年運輸省令第67号）に適合する車両でなければ運行の用に供してはならないと規定する（車両法40条〜42条）。保安基準は設計・製造過程から使用過程まで、安全性の確保および環境の保全に係る水準を定めるものである。ところが従来の保安基準は、あくまで人間が操作することを前提とした基準となっていたため、レベル3以上の自動運転には適用できなかった。さらに自動運転システムは、通信を活用したソフトウェアのアップデートを通じてシステムのセキュリティを常に維持する必要があるが、このような形での車両の改造についても手当ができていなかった。これらに対応し、レベル4までの自動運転を可能にするため、令和元年5月、車両法が改正された（令和元年法律第14号）。

2. 自動運行装置に関する保安基準

　まず保安基準の対象として、原動機および動力伝達装置（エンジン等）、車輪および車軸、操縦装置・制動装置（アクセル、ハンドル、ブレーキ等）といった従前から規定されていた項目に加え、「自動運行装置」（41条1項20号）が新たに加えられた。自動運行装置については、「プログラム……により自動的に自動車を運行させるため

に必要な、自動車の運行時の状態及び周囲の状況を検知するための
センサー並びに当該センサーから送信された情報を処理するための
電子計算機及びプログラムを主たる構成要素とする装置であつて、
当該装置ごとに国土交通大臣が付する条件で使用される場合におい
て、自動車を運行する者の操縦に係る認知、予測、判断及び操作に
係る能力の全部を代替する機能を有し、かつ、当該機能の作動状態
の確認に必要な情報を記録するための装置を備えるもの」（41条2
項）というはなはだ技術的で複雑な定義がなされている。

　レベル3・4の自動運転車では、自動運行装置による運行は限定
領域内に限られるため、自動運行装置が使用される走行環境を特定
する必要がある。自動運行装置が使用される走行環境にかかる条件
（走行環境条件）は、装置ごとに国土交通大臣が付すこととされる
（41条2項）。走行環境条件は、①道路条件（高速道路、一般道、車線
数、車線の有無、自動運転車の専用道路等）、②地理条件（都市部、山間
部、ジオフェンスの設定等）、③環境条件（天候、夜間制限等）、④その
他の条件（速度制限、信号情報等のインフラ協調の要否、特定された経路
のみに限定すること、保安要員の乗車要否等）を組み合わせて設定され
る（国土交通省自動車局「自動運転車の安全技術ガイドライン」（平成30
年9月）4.（1）参照）。

3．特定改造等に係る許可制度 ───────────

　自動運転においては、自動運行装置に内蔵されたソフトウェアが
最新の状態に維持されることが、安全性を確保する上で重要である。
特にインターネットへの常時接続機能を備えており、外部のクラウ
ドからさまざまな情報サービスを享受している自動車（コネクテッ
ド・カーと呼ばれる）は、外部からの不正アクセスにより運行支配を

奪われる危険を有しているため、セキュリティ対策としてもプログラムのアップデートが必要である。やり方としては、自動車メーカー等が、自動車の制御用ソフトウェアを配信し、利用者側で専用ツール等を用いてダウンロードする等、無線通信を活用して性能変更や機能追加を行うことが想定される。しかし、このような形での改造は、従来の車両法では想定されていなかった。そこで改正法は、自動運行装置等に組み込まれたプログラム等の改変による自動車の改造について、新たな規定を設けた。すなわち電気通信回線の使用等により行う自動運行装置のプログラム等の改変による自動車の改造を「特定改造等」と呼び、これを行おうとする者は、国土交通大臣から事前の許可を得ることを要求する（99条の3第1項1号）。またそのような改造をさせる目的をもって電気通信回線の使用等により使用者等に対しプログラムを提供する行為（典型的には自動車メーカーがユーザーにアップデート・プログラムを提供する行為）も、特定改造等として許可を要することとした（同項2号）。特定改造等の許可にあたっては、①許可申請者が特定改造等を適確に実施する能力および体制を有する者として国土交通省令で定める基準に適合するかどうか、②プログラムの改変による改造を受けた自動車が保安基準に適合するかどうかについて、国土交通大臣による確認を受けなければならない（99条の3第3項）。

Ⅶ

事故に関する責任

1．総　説

　自動運転の利用の進展に対応し、道交法、車両法は次々に手当されたが、自動運転車による事故の責任に関する法制はこれまで改正が行われていない。その理由は前述したが（Ⅳ参照）、刑事責任・民事責任の双方について状況をもう少し立ち入って見ることにしよう。

2．刑事責任

　自動車事故に関する刑事責任は、自動車運転死傷行為処罰法5条の過失運転致死傷罪が問題となるケースが多いであろう。同条は「自動車の運転上必要な注意を怠り、よって人を死傷させた」場合に刑事罰を科す。そこで自動運転のコンテクストに即して、「自動車の運転上必要な注意」の意義について解釈が試みられることになる。たとえば、レベル3の自動運転であれば、走行環境条件内では自動運行装置に委ねることが許されるから、そういう状態で事故が起きても、直ちに「運転上必要な注意を怠」ったことにはならないとか、自動運転システムに不具合が生じているにもかかわらず、そのことを知りつつ当該システムを使用し続けたり、自動運転システムから介入要求のメッセージが出たのに適切な対応をしなければ、「運転上必要な注意を怠」ったと扱われる場合も出てくるといったことである。なおレベル4の自動運転については、そもそも自動車運転死傷行為処罰法上の「運転」の主体が存在するのか（前述の通り特定自動運行は道交法上運転とは扱われない）という点から問題とな

150

ろう。

3. 民事責任

　自動運転車が事故を起こした場合の民事責任については、次講で検討されるので、ここでは論点の提示にとどめる（公的機関における検討の成果として、国土交通省自動車局「自動運転における損害賠償責任に関する研究会報告書」（平成30年3月）参照）。

　自賠法3条は、自己のために自動車を運行の用に供する者（運行供用者）に損害賠償責任を課すが、たとえば自分の所有する自動運転車に乗っている者は、自動運転システムに運転を委ねていても運行供用者に該当し、同条ただし書の要件を満たさない限り責任を免れない。たとえば自動運転システムのプログラムが安全性を欠くために事故を起こしたなら、自動車に構造上の欠陥または機能の障害がないことという要件を欠き、また運転者がシステムからの介入要請を見逃したことが事故につながったのであれば、自動車の運行に関し注意を怠らなかったという要件を満たさないことになろう。このようにレベル3以上の自動運転においても、自賠法上の運行供用者責任は残り、誰も責任を負わなくなるといったことが生じるわけではない。

　それでは現行法制をそのまま維持することに何も問題がないかというと、そうではない。自動運転が高度になればなるほど、運転者の過失が問題とならず、事故が起きた原因が自動運転システムの欠陥であることが多くなる。そうなると本来責任を負うべきなのは自動運転システムの供給者である製造者ということになるが、現行法の仕組みでは適切なリスク配分にならないおそれがある。まず被害者としては、運行供用者を訴える方が容易である（製造物責任を追及

するためには製造物の欠陥の存在を立証しなくてはならない)。他方、訴えられた運行供用者が免責されるためには、自動運転システムに欠陥がなかったこと(安全性を欠くものではないこと)を立証しなくてはならない。運行供用者にとってこれはハードルが高いため責任を負わされる可能性が少なくないが、運行供用者が自動車メーカーに求償するためには欠陥の存在を立証する必要があり、こちらも運行供用者にとってハードルが高く、実効性が低い。このように自動運転車の起こした事故のリスクは自動運転車のユーザーである運行供用者が最終的に負担するということになってしまう可能性がある。そこで自動運転システムの安全性について、コントロールできる立場にない運行供用者に、事故のリスクを全面的に負わせてよいかということが問題となるのである。この点についての詳細は、第10講を参照されたい。

む す び

本講では、自動運転の進展に応じて、法制度がどのように対応することになるか説明した。自動車の運行をめぐっては性格の異なる多層的な規制が設けられており、自動運転の与える影響は規制の性格に応じてさまざまである。自動運転が実現可能になるように直ちに改正がなされた道交法や車両法のようなルールと事故に関する責任法制のようになかなか改正がなされないルールがある。前者の改正により、差し当たりは自動運転が実現するための最低限の社会的基盤が整ったということになろう。しかし後者については、課題を

残したままである。今後、自動運転のリスクをどのような形で社会的に負担させるべきかという観点から長期的な検討が行われることになるであろう。

【補遺】本講脱稿後に、2024 年 5 月 31 日、デジタル庁が事務局を務める「AI 時代における自動運転車の社会的ルールの在り方検討サブワーキンググループ」が報告書を公表した（デジタル庁のウェブサイトから入手できる）。同報告書は、①先端技術を用いる自動運転車の責任ある社会実装の推進、及び、②被害者の十全な救済の確保という観点から、論点（短期的論点、中長期的論点）の整理及び目指すべき方向性について検討を行った結果をまとめたものであり、自動運転をめぐる法制度のあり方を考えるための重要な資料である。

── 文献案内 ────────────────────────────

＊一般的な概説として
・藤田友敬編『自動運転と法』（有斐閣、2018 年）
　　※　ただし、道交法・車両法の改正には対応していない。
＊道交法・車両法改正に関して
・佐藤典仁「自動運転の実現に向けた道路運送車両法および道路交通法の改正の概要」NBL1149 号（2019）4 頁
・佐藤典仁「道路交通法改正により実現する自動運転レベル 4 と電動キックボード等の新しいモビリティの法規制の現状と課題」NBL1223 号（2022）56 頁

第 10 講　　　　　　　　　　　　　　　　　　交 通 法

自動運転と法・その 2
――自動運転車による交通事故と民事責任・刑事責任

後藤　元

> 自動運転車にはヒューマンエラーによる事故を大きく減少させるという効果が期待されているが、それでも自動運転システムのプログラムの不備などによって事故が発生する可能性は存在する。本講では、自動運転車による交通事故の被害について、どの主体がどのような民事責任や刑事責任を負うべきかという問題を、民事責任・刑事責任は何を目的とした制度なのかを踏まえ、制度設計（立法論）の観点を含めて、より掘り下げて検討する。

はじめに

　交通事故が起きると、衝突された歩行者や他の車の乗客が死亡・負傷し、また衝突された車や建物が損壊するという被害が発生する。自動運転ではない通常の自動車による交通事故の場合、事故の原因としては、ブレーキの異常など事故車両に問題があるということも考えられるが、その多くはスピード違反や脇見・居眠り運転、飲酒運転などの運転者に問題のある行為、広い意味でのヒューマンエラーによるものであると考えられる。

第10講　自動運転と法・その2

　自動運転車には、このようなヒューマンエラーによる事故を大きく減少させることが期待されているが、それでも、たとえば自動運転システムのプログラムの不備や自動運転車の所有者によるソフトウェアアップデートの懈怠によって、自動運転車のセンサーが歩行者や道路上の障害物等を適切に検知できずに衝突するという事故が発生することは想像するに難くない。また、センサーの過剰反応によって何もない場所で急ブレーキが掛かり後続車に追突されるといった、人間が運転している場合には想定し難いような事故が起きてしまう可能性も存在する。それでは、自動運転車による交通事故が発生した場合、その利用者や自動車メーカー（の担当者）はどのような法的責任を負うだろうか。

　交通事故に関する民事責任（被害者やその遺族に対する損害賠償）としては、民法上の不法行為責任、自動車損害賠償保障法上の運行供用者責任、そして製造物責任法上の製造物責任が、また刑事責任（拘禁・罰金等の刑事罰）としては、自動車の運転により人を死傷させる行為等の処罰に関する法律上の過失運転致死傷罪等と刑法上の業務上過失致死傷罪が存在するが、これらは自動運転ではない通常の自動車を前提として定められてきたものである。このため、現行法の民事責任・刑事責任に関するルールを自動運転車についても適用されるものとして解釈することは不可能ではないとしても（第9講VIIを参照）、自動運転システムによって車両がコントロールされる度合いが高くなった場合にもこれらをそのまま維持することでよいのか、それとも何らかの修正をすべきかが問題となる。

　既存の法律を解釈する場合にも当てはまることではあるが、どのようなルールが望ましいのかという制度設計（立法論）を議論する場合には、出発点として、その制度の目的が何であるのかをしっか

155

りと考えておく必要がある。そこで、以下では、まず民事責任・刑事責任の制度としての目的は何であるのかを確認した上で（Ⅱ）、民事責任と刑事責任に分けて、交通事故に関する現行法の規律を概観し、それを自動運転車に適用した場合に問題はあるか、あるとすればどのような対策が考えられるかについて見ていくこととする（Ⅲ・Ⅳ）。

民事責任・刑事責任とその目的

民事責任とは、被害者の損害を加害者が金銭によって賠償することを意味し、民法の不法行為に関する規定（民法709条以下）を中心に定められているが、自動車損害賠償保障法や製造物責任法などの特別法も存在する。これらの広い意味での不法行為法の目的としては、被害者の救済と事故の抑止の2つが挙げられることが一般的であるが、伝統的な民法学は、このうち被害者の救済を主たる目的と位置付けてきた。しかし、被害者の損害を塡補する方法としては、資力に限界がある可能性のある加害者による賠償（だけ）に期待するのではなく、国家による救済制度を整備するということも考えられる。公的救済制度と比較した場合の民事責任の特徴は被害者に生じた損害を加害者に負担させる点にあり、その主たる目的は、加害者に損害賠償責任の負担を避けるための行動をとらせるインセンティブを与えることによって事故の発生自体を抑止することにあると考えるべきであるという立場も有力である（森田＝小塚・後掲。内田貴『民法Ⅱ債権各論〔第3版〕』（東京大学出版会、2011年）323頁以下も

参照）。事故が発生してしまった場合に被害者が救済されることの
重要性は否定されないとしても、被害が発生しないことの方が望ま
しいとすれば、事故の抑止は、被害者の救済と少なくとも同等以上
に重要な目的であると言うべきであろう。

　一方、刑事責任とは、罪を犯した者に対する制裁として拘禁や罰
金等の刑事罰を科すことを意味し、その目的としては、犯罪者に対
する応報と犯罪の抑止・予防とが挙げられてきた。犯罪者が国家に
よって処罰されることにより私的な復讐行為を禁じられている被害
者側の処罰感情が満足するという側面が社会的に存在することは否
定し難いとしても、制度としては、犯罪者を処罰すること自体では
なく、将来の犯罪の抑止・予防を中心として考えるべきであるとい
う考え方が最近は有力になっている（山口厚『刑法総論〔第3版〕』
（有斐閣、2016年）2-3頁、196-197頁）。

　ここで注目に値するのは、民事責任と刑事責任のいずれについて
も、その目的として「抑止」が挙げられていることである。以下で
は、説明の便宜上、民事責任と刑事責任に分けて記述するが、「抑
止」という共通の目的を達成するために民事責任と刑事責任をどの
ように組み合わせるのか、安全性の確保という観点で類似の機能を
有する各種の行政規制（たとえば道路交通法や道路運送車両法）とはど
のように組み合わせるのか、という視点も重要となる。また、自動
運転車にはヒューマンエラーによる事故の減少というメリットが期
待されていることを踏まえると、自動運転車を普及させることも事
故を抑止するための一つの手段であるということができ、民事責
任・刑事責任のあり方が自動運転車を開発・利用するインセンティ
ブや自動運転車の社会的受容にどのような影響を与えるかというこ
とも考える必要がある。

自動運転車による交通事故と民事責任

1. 交通事故と民事責任:現行法

以上を前提に、まず交通事故による民事責任について、現行法がどのようになっているかを見ていこう。

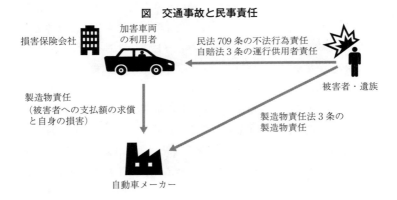

図 交通事故と民事責任

不法行為に関する一般規定である民法709条は、「故意又は過失によって他人の権利又は法律上保護される利益を侵害した者は、これによって生じた損害を賠償する責任を負う。」と定めている。たとえばスピード違反や脇見運転という「過失」によって自車を他の自動車や歩行者に衝突させるという交通事故を起こした者は、同条により、被害者の死亡による逸失利益や治療費、車両の修理費などの損害を賠償する責任を負うことになる。もっとも、ここで加害者

に「過失」が存在したことの証明責任は損害賠償を請求する被害者側にあり、訴訟でその証明ができない場合には加害者からの賠償を受けることはできない。

　そこで、自動車の普及に伴う交通事故の急増を受けて、1955年に自動車損害賠償保障法（以下「自賠法」という）が制定された。他人の死亡・負傷という損害については責任が厳格化され、「自己のために自動車を運行の用に供する者」（運行供用者：運転操作を実際に行う「運転者」とは別の概念であり、自らが所有する自動車を他人に運転させている者を含む）は「自己及び運転者が自動車の運行に関し注意を怠らなかつたこと、被害者又は運転者以外の第三者に故意又は過失があつたこと並びに自動車に構造上の欠陥又は機能の障害がなかつたこと」を証明できない限り免責されないものとされた（自賠法3条。物損については民法709条が依然として適用される）。また、運行供用者の賠償資力を確保するために、自動車損害賠償責任保険（自賠責保険）への加入を強制することとされた（自賠法5条）。自賠責保険の保険金額には上限が存在するため（死亡の場合、1名について3000万円。同法施行令2条1号イ）、ドライバーの多くは自賠責保険に上乗せする形で任意の自動車保険にも加入している。

　通常の自動車による交通事故の原因の多くはスピード違反や脇見・居眠り運転、飲酒運転などであると考えられるが、事故が自動車の「欠陥」によって発生した場合には、被害者は製造物責任法3条に基づいて当該自動車のメーカーに損害賠償を請求することも考えられる。しかし、製造物責任については、メーカーが当該自動車を引き渡した時点で「欠陥」が存在していたことを被害者側が証明しなければならず、それは被害者にとって容易なことではない（ここでいう「欠陥」とは、「当該製造物の特性、その通常予見される使用形態、

その製造業者等が当該製造物を引き渡した時期その他の当該製造物に係る事情を考慮して、当該製造物が通常有すべき安全性を欠いていること」（製造物責任法2条2項）を意味し、製造物が設計仕様通りに製造されていなかった場合（製造上の欠陥）や設計自体に問題があった場合（設計上の欠陥）、製造物の使用方法や仕様上の限界に関する指示・警告が行われていない場合（指示・警告上の欠陥）などがある）。このため、交通事故の被害者は、まず運行供用者の責任を追及することが現実的であり、運行供用者（またはその代わりに賠償金を支払った保険会社）において、被害者への賠償額（と自らが負傷した場合にはその損害）を自動車メーカーに求償するかを検討することになるが、運行供用者にとっても「欠陥」の存在を証明することは容易ではないだろう。

2. 自動運転車による交通事故と民事責任————

(1) 現行法を適用した場合の問題点

以上の現行法を、自動運転車に適用するとどうなるだろうか。

まず、車両の操作を自動運転システムに委ねることができる場合であっても、自動運転車の所有者は（人間の運転手を雇って運転させている場合と同様に）運行供用者に該当すると考えられるため、自動運転システムの誤作動により事故が発生した場合にも運行供用者責任を負うことになる。

他方で、自動運転車による事故は自動運転システムの問題によって生じた可能性が高いと一般的に言うことはできるとしても、自動運転システムが具体的にどのように誤作動を起こしたのか、またプログラムのどこにどのような問題があったのかということは、自動運転システムのメーカーでなければ解析できない可能性が高く、被害者や運行供用者が自動運転車の「欠陥」を証明して自動車メーカ

160

ーの製造物責任を追及することは、通常の自動車の場合以上に困難であると思われる（例外として、自動車メーカーが自動運転システムの性能を誇張して宣伝していた場合に、消費者に過大な期待を抱かせたことについて指示・警告上の欠陥が認められる可能性はあろう）。

　この結果、自動運転車の運行供用者は自動運転システムの誤作動による事故についても損害賠償責任を負担することになる一方で、自動運転車のメーカーは製造物責任の追及を事実上免れることになる。レベル4やレベル5の自動運転車による交通事故についても、少なくとも運行供用者（とその保険者）が損害賠償責任を負担するということは、被害者の救済という観点からは望ましいものであり、自動運転車の社会的受容性を高めることにもなると考えられる。

　しかし、自動運転システムの欠陥によって事故が生じたにもかかわらず、自動車メーカーが本来負担すべき損害賠償責任を事実上免れることになるとすれば、それは運行供用者が製造者の民事責任を肩代わりしているようなものであり、自動車メーカーが自動運転システムの安全性を確保し、向上させるインセンティブが不十分となりうる。これは、事故の抑止という観点からは問題である（この問題は通常の自動車の場合にも存在するところ、自動運転車の場合には自動車側の欠陥が事故原因に占める割合が相対的に上昇するために顕在化するものである）。また、運行供用者の立場からは、自分ではコントロールすることができない自動運転システムの誤作動について損害賠償責任を負担させられることになるため（人間の運転手を雇う場合であれば、運転の仕方を指示したり、採用時に運転技術を審査したりすることが可能である）、自動運転車を利用するインセンティブが低下する可能性もある（賠償額自体は自動車保険によってカバーされるとしても、保険料を負担するのは運行供用者である。ただし、事故を起こす可能性は減

少するために通常の自動車の場合より保険料が低くなるとすれば、受忍可能なものであるかもしれない)。

(2)　制度設計の選択肢

　それでは、レベル4やレベル5の自動運転車による交通事故を想定した場合、より望ましい民事責任制度はどのようなものだろうか。

　直接的に自動運転車メーカーに安全性確保のインセンティブを与える方法として、まず考えられるのは、一定レベル以上の自動運転車について自賠法上の運行供用者責任を廃止し、自動運転車メーカーの製造物責任を証明責任の転換等によって強化することである。しかし、レベル4・5に相当する自動運転車についても、運行供用者が自動運転車の点検整備や自動運転システムのソフトウェアアップデートを適切に行う必要があるのだとすれば（強制的にアップデートが行われる仕組みを構築することも可能かもしれないが）、そのインセンティブを維持するためには、運行供用者が一切責任を負わないものとすることには疑問もある（運行供用者が無過失を証明すれば免責される過失責任とすることはあり得よう）。また、製造物責任を強化するとしても、メーカーが海外の事業者である場合には、その責任を被害者が追及することは容易ではない（国内に自動運転車を輸入した業者がいる場合には、その輸入業者が「製造業者等」（製造物責任法2条3項1号）として製造物責任を負うことになるが、消費者が外国のメーカーから直接自動運転車を購入することもあり得ないわけではない）。

　自賠法を所管する国土交通省が設置した研究会が2018年にまとめた報告書では、レベル4までの自動運転車を念頭に、上記のようなドラスティックな改革ではなく、現行の運行供用者責任を維持した上で、保険会社等のメーカーに対する求償権行使の実効性を確保

するための方策の導入が提案された（国土交通省自動車局「自動運転における損害賠償責任に関する研究会報告書」）。これに基づいて、事故原因の調査を促進するために、自動運転車に作動状態記録装置の設置が 2019 年の道路運送車両法改正により義務付けられたほか、2020 年には国土交通省と警察庁の委託により自動運転事故調査委員会が設立されている。また、保険会社と自動車メーカーとの協力体制についても検討が進められている。

　このアプローチは、迅速な被害者救済の実現という観点から自動運転技術の導入初期における暫定的な対応としてとられたものであるが、自動運転車の今後の利用形態次第では、自動運転車の運行供用者と開発主体との関係が密接となり、現行の運行供用者責任を維持しても、自動運転車メーカーに安全性確保のインセンティブをそれなりに与えることができる制度設計となる可能性もある。すなわち、自動運転車の利用形態としては、①個人オーナーが自家用車として利用する場合のほか、日本においても過疎地等で実現している②無人コミュニティバスとしての利用、アメリカや中国の一部都市では既に実現している③無人タクシーとしての利用が考えられる。また、④個人オーナーが自動運転車を自分が使用しない時間帯に無人タクシー事業者に提供して運賃を稼ぐという形態も、将来は実現するかもしれない。このうち③については、無人タクシー事業者は無人タクシーを開発した自動運転車メーカーのグループ企業もしくは合弁企業である可能性が高く、事故の被害者に対して運行供用者として損害賠償をしたとしても、自動運転車メーカーに対して求償をすることはそれほど困難ではないであろう。他方で、①や②については、メーカーへの求償は依然として困難である可能性がある。将来どの利用形態が一般的となるかを現時点で予測することは困難

163

であるが、制度設計に際しては、この点も考慮要素に入れておくことが必要であろう。

　逆の方向からの議論としては、製造物責任の負担を嫌うメーカーが自動運転技術の開発に消極的となり、社会全体にとって有益な自動運転車の導入が遅延してしまうことを防ぐために、たとえば行政が定めた安全基準を守っている場合には製造物責任は成立しないものとする一方で、被害者の救済のために自動運転車メーカーからの拠出金等による公的な補償基金を整備するという提案も存在する。これは、自動運転技術により事故総数が減少するという効果に期待して、民事責任制度による事故の抑止効果は諦め、個別の安全性確保は行政規制に委ねるという立場であるが、行政による安全基準をどのように設定するかが問題となろう（開発途上の技術について、事故防止のために高すぎる行政基準が定められると、かえって開発が遅延する可能性も存在する）。また、公的な補償基金による給付額には上限が定められるとすれば、事故総数が減少するとしても、実際に事故に遭ってしまった被害者の立場は現行法よりも悪化することになるため、自動運転車に対する社会的受容性が低下するかもしれない。

　このように考えた自動運転車メーカーとしては、自社の技術に自信があるのであれば、自社の自動運転車への信頼性を高めるために、むしろ自動運転システムのエラー等を原因とする事故については民事責任を積極的に負担すると宣言するという戦略を採ることも考えられる。そうだとすれば、製造物責任への懸念から自動運転技術の開発が進まなくなるということは杞憂に終わる可能性も存在する。

164

自動運転車による交通事故と刑事責任

1．交通事故と刑事責任：現行法

　刑事責任に目を移すと、まず、自動車の運転により人を死傷させる行為等の処罰に関する法律5条本文が、「自動車の運転上必要な注意を怠り、よって人を死傷させた者は、7年以下の拘禁刑又は100万円以下の罰金に処する。」として過失運転致死傷罪を定めている。たとえば、通常の自動車を運転中に脇見や居眠りをして事故を起こした者は、「自動車の運転上必要な注意を怠」ったものとして処罰される（飲酒運転や煽り運転などの特に危険な行為については、同法2条により危険運転致死傷罪として刑が加重されている）。民事責任である自賠法上の運行供用者責任と比較すると、運行供用者ではなく運転者について、その過失の存在が要件とされている点が異なっている。

　また、自動車の設計ミスや部品の強度不足等が事故の原因であった場合には、自動車メーカーや部品メーカーの開発担当者やリコール担当者について、刑法211条前段の業務上過失致死傷罪（「業務上必要な注意を怠り、よって人を死傷させた者は、5年以下の拘禁刑又は100万円以下の罰金に処する。」）の成否が問題となる。こちらについても、事業者としてのメーカーではなく、その役員・従業員個人について、その過失の存在が要件とされている点が、製造物責任と異なっている。

165

2. 自動運転車による交通事故と刑事責任

　以上の現行法を自動運転車に適用する際に、まず問題となるのは、自動運転車の利用者が「自動車の運転上必要な注意を怠」ったことになるのはどういう場合か、ということである。たとえば、無人コミュニティバスや無人タクシーを遠隔操作・監視しているオペレーターが、異常事態に適切に対応しなかった場合などが考えられる。また、自動運転レベルが高次になるほどその利用者の役割は縮減されるが、自動運転車についても利用者が自動運転車の点検整備や自動運転システムのソフトウェアアップデートを適切に行う必要があるのだとすれば、それを怠った場合に過失を認めることは可能であろう。なお、レベル4・5の自動運転車については、そもそも利用者が「自動車の運転」（自動車運転死傷行為処罰法5条）を行っていると評価できるのかという問題が存在するが、仮にレベル4・5の自動運転車の利用は「運転」には該当しないと解したとしても、利用者には過失致死傷罪または業務上過失致死傷罪（刑法209条・210条・211条）が適用されうる。このため、刑事責任の抑止効果は、自動運転車の利用者にも及ぶと考えられる。

　また、自動車メーカー等の役員・従業員も、自動運転車の設計やリコール実施の判断について「業務上必要な注意を怠」ったとして業務上過失致死傷罪に問われる可能性があるが、この刑事責任は、自動車メーカーに金銭を賠償させる製造物責任とは異なり、自動車メーカーの役員・従業員個人に刑務所に拘禁されるというリスクを負わせるものであることが問題となりうる。このリスクが自動車メーカーにとって甘受できないものであるとすれば、この刑事責任は、民事責任である製造物責任に比べて、自動運転車の安全性を確保するインセンティブを与えることを超えて、自動運転車の開発を避け

166

させる萎縮効果を持つ可能性がある。

　このような萎縮効果を防ぐためには、どのような場合に自動運転車の設計やリコール実施の判断について「業務上必要な注意を怠」ったと評価されるのかについて、ある程度の予測可能性が確保されていることが必要であろう。この点、自動運転車ではない通常の自動車についてメーカーの役員・従業員の業務上過失致死傷罪が認められた最決平成24・2・8刑集66巻4号200頁（三菱自動車工業トラック脱輪事件）では、安全性に重大な懸念があることを把握していながら、情報を秘匿して適時にリコール等の改善措置を講じなかったことが問題とされており、単に自動車に欠陥があっただけで刑事責任が課されているわけではない。自動運転車についても同様の事情が存在する場合に限ってメーカーの役員・従業員の業務上過失致死傷罪の成立が認められるのであれば、萎縮効果はそれほど大きくならないとも思われるが、メーカー側としては、そのことが何らかの形で明確化されることが望ましいであろう。

　このようにメーカーの役員・従業員の業務上過失致死傷罪が成立する場面が限定されると、自動運転車の欠陥を原因とする交通事故によって人が死傷した場合にも、誰も刑事責任を課されないこととなる可能性がある。そうだとしても、事故の抑止という観点からは、自動運転車による事故総数の減少という効果に加えて、メーカーの民事責任と行政による安全規制も存在するため、支障はないと考えることができそうである。また、刑事責任のもう一つの目的として挙げられることのある犯罪者への応報という観点についても、人が死傷した以上は必ず誰かが刑事責任を問われなければならないと考えるのであればともかく、メーカーの役員・従業員という個人に刑事罰を科す必要があるのは、上記の三菱自動車工業トラック脱輪事

件のように、事故が発生する危険性が高いことを認識しつつ放置したような場合に限られるように思われる。

終わりに

　自動運転車は開発途上の技術であり、それによる交通事故に関する民事責任・刑事責任のあり方についての議論もこれから本格化していくことが見込まれる。日本政府でも、2023年12月からデジタル社会推進会議の下部部会として「AI時代における自動運転車の社会的ルールの在り方検討サブワーキンググループ」がデジタル庁・経済産業省・国土交通省を共同事務局として設置され、検討が進められている。本講では、様々な観点を紹介するにとどまり、結論を示すことはできなかったが、読者がこの本を手に取っている時点では、何らかの制度改正が実現しているかもしれない。その場合には、どのような改正が行われたのか、なぜその方策が採用されたのかを、ぜひ調べてみてほしい。

―― 文献案内 ――
* 民事責任・刑事責任の一般的な分析として
  ・森田果＝小塚荘一郎「不法行為法の目的――『損害塡補』は主要な制度目的か」NBL874号（2008年）10頁
  ・スティーブン・シャベル（田中亘＝飯田高訳）『法と経済学』（日本経済新聞出版社、2010年）8-12章、24章

第 10 講　自動運転と法・その 2

＊自動運転に即した検討として
　・藤田友敬編『自動運転と法』（有斐閣、2018 年）
　・深町晋也「ロボット・AI と刑事責任」弥永真生＝宍戸常寿編『ロボット・AI と法』（有斐閣、2018 年）209 頁
　・後藤元「自動運転・ライドシェアと民事責任」損害保険研究 82 巻 1 号（2020 年）1 頁
＊最新の規制・ビジネスの動向について
　・戸嶋浩二＝佐藤典仁＝秋田顕精編著『自動運転・MaaS ビジネスの法務〔第 2 版〕』（中央経済社、2024 年）

第 11 講　　　　　　　　　　　　　　　　　　　　　競　争　法

大きいことは悪なのか？　競争法は巨大企業にどう対処するか

Simon VANDE WALLE

　大手企業がますます巨大化しているように感じることはないだろうか。実際のところ、そうなのである。過去数十年間、世界的な大企業は他の企業よりもはるかに速いペースで成長を遂げてきた。今や一握りの大企業が、経済の多くの分野を支配しているのだ。こうした企業の成長により、ごく少数の企業に権力が集中することへの懸念が生じている。しかし、競争法、日本でいうところの独占禁止法は大企業の弊害から我々を守ってくれないのだろうか。

はじめに

　ビッグテック（GAFA: Google/Alphabet、Amazon、Facebook/Meta、Apple）は、あまりにも強大な力を持つために分割されるかもしれないとどこかで読んだことがあるのではないだろうか。そして、「本当だろうか。競争法にそんなことができるのだろうか。競争法は大企業を分割できるのだろうか」といった疑問を持つかもしれない。

　本講では、その問いに答えてみようと思う。そうすることで、競

第11講　大きいことは悪なのか？　競争法は巨大企業にどう対処するか

争法がビジネスの世界をどのように見ているのかについて、学ぶことができるだろう。競争法とは、企業が市場でどのように競争できるかという境界線を設定する法律の体系である。ボクシングの試合におけるレフェリーのようなものである。各国の競争法は、それぞれ異なってはいるが、共通の核となる原則を持っている。ここでは、特定の国にこだわることなく、その共通の核に基づいて講じていく。

　段階を追って進めていこう。

　最初のステップでは、「大企業」が何を意味するのかを探っていく。競争法において会社の規模はそれほどの関心事ではないことを説明する。大きいことそれ自体は競争法の問題とはならない。競争法が問題とするのは力である。しかも、単なる力を問題とするのではなく、市場支配力といわれる特定の種類の力を問題とする。

　次に、企業が市場支配力を持っていても、それだけでは競争法上違法とはならないことを説明する。市場支配力を持ち、かつ、何か悪いことをした場合のみ、競争法に違反する。つまり、市場支配力と何らかの行為の組み合わせが必要であり、それではじめて競争法上の違法行為となる。したがって、競争法は、単に大きいから、力があるから、というだけでは大企業を分割することはできない、というのが最初の質問への答えである。

　それにもかかわらず、企業が力を持ちすぎないよう、競争法がより大きな役割を果たすべきだという声が上がっている。その動きについては、最後に述べることにする。

171

II.

大企業とは

「大企業」と聞いて思い浮かべるのはどのような会社だろうか。ビジネスパーソンに大企業の社名を尋ねると大抵、グローバル500のようなものを思い浮かべるだろう。それは、定期的に更新される世界の大企業500社の番付として有名なものである。しかし、グローバル500はどのようにして大企業を決定しているのだろうか。それは、企業の売上高でランク付けしているのである。企業は製品やサービスを販売し、そこから得られるすべてのお金が売上高となる。当然、売れれば売るほど、売上高は高くなる。

図1は、世界の8大企業と日本の8大企業を売上高の順に並べたものである。価格の高い商品（石油、自動車）を大量に販売する企業や、そもそも販売量が非常に多い企業（Walmart、Amazon）がランキングの上位を占めている。

図1 売上高上位企業（2023年3月時点）

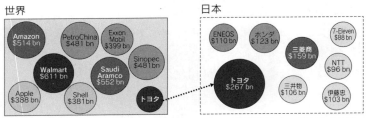

（世界・日本ともに https://companiesmarketcap.com より引用した、ドル建てのデータを基に作成）

第11講 大きいことは悪なのか？ 競争法は巨大企業にどう対処するか

図2 時価総額上位企業（2023年3月時点）

世界

日本
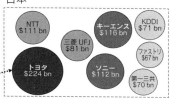

(https://companiesmarketcap.com（世界）および日本経済新聞（日本）より引用したデータを基に作成した図。円は1米ドル＝130円で米ドル換算)

　図1のランキングは売上高に基づくものだが、企業規模を知る方法がもう一つある。それは、時価総額と呼ばれるものを見ることである（**図2**参照）。時価総額とは、証券取引所に上場している企業の総価値のことである。Appleの時価総額を知りたければ、Appleの株価を調べ、Appleの発行株式数を調べる。株価に株数をかけると、Appleの時価総額がわかる。時価総額は、株主がその企業をどれだけ評価しているかで評価される。これが、規模で企業をランク付けするもう一つの方法である。

　時価総額に基づくランキングと、売上高に基づくランキングはかなり異なる。Teslaを例にとってみよう。2023年の執筆時点では、販売台数はトヨタやホンダの数分の1と、まだそれほど大きな売上にはなっていないため、売上高上位には全く入っていない。しかし、時価総額でトップ8に入っているのは、時価総額がその会社の現在と今後期待される利益の両方を示す指標として、より重要だからである。Teslaは、販売する車の1台1台から大きな利益を生み出しており、今後数年間で飛躍的に成長し、さらなる利益を上げることが期待されている。だからこそ、Teslaは株式市場で非常に高く評

173

価されているのである。

このように、大企業を識別する方法にはさまざまなものが存在する。

競争法の焦点は「大きさ」ではなく「力強さ」

　これらはすべて非常に興味深いことであり、世界を理解し、ビジネスを理解するためには、企業の規模に関していくつかのことを知っておかなければならない。しかし、競争法においてはあまり重要ではないというのが実際のところである。競争法に携わる弁護士は、おそらく背景情報として規模を考慮するだろうが、そこは焦点ではない。競争法は、企業の規模や売上高、時価総額にはあまり関心がなく、むしろ、関心の対象は力なのである。

　力にはさまざまな種類のものがある。企業は、有力な政治家とのつながりや効果的なロビー活動を通して、政治的に大きな力を持つことがある。また、何万人もの人々に雇用を提供し、多くの国に経済活動をもたらすという意味で、多大な経済力を行使することもある。しかし、競争法が問題とするのは市場支配力と呼ばれる特定の種類の力である。

　これは競争法における重要な概念である。競争法の教科書にはこの概念に関して長く書かれた章があるが、本講では詳しい説明はしない。ここでは単に、この概念の内容について一般的な考えを得ることにしよう。

　市場支配力の標準的な定義は、「十分な競争があった場合に支払

第11講　大きいことは悪なのか？　競争法は巨大企業にどう対処するか

わなければならない価格よりも高い価格で販売することができる企業の能力」である。言い換えれば、競争価格よりも高い価格を請求できる企業の力である。

　しかし、自らが望む価格で製品を販売する自由は、すべての企業にあるのではないだろうか。確かにその通りである。そこで、少し定義を調整してみよう。市場支配力とは、健全な競争下での価格よりも高い価格で販売し、なおかつ利益が得られる販売者の力のことである。つまり、企業が高い価格をつけても利益を上げることができる場合に、市場支配力を持つことになる。競争市場においては、通常、企業はそのようなことができない。同じような製品で競争関係にある他社（競争者）よりも高い価格を設定すれば、顧客は他社に流れてしまい、高い価格で販売する会社は販売量が減って利益を上げられなくなる。しかし、その企業が市場支配力を持っていれば、高い価格を設定しても利益を上げることができるのである。この概念を別の方法で説明すると、市場支配力とは、競争者の反応をさほど気にすることなく価格を上げることができる力のことである。競争者に顧客を奪われる心配をせずに価格を上げることができれば、その企業は市場支配力を持っていると言える。

　従来、市場支配力の概念は価格に対する企業の力に焦点を当てていたが、実際には、市場支配力の概念は、品質やサービスの速さ、革新性など、消費者にとって重要なあらゆる側面にかかわることがある。

　これは、多くの製品が無料で提供されているデジタル市場において、特に重要な意味を持つ。例えば、Facebook と Google を見てみよう。Facebook のユーザーは、Facebook を利用するためにお金を払っているわけではない。同様に、Google 検索で検索するた

175

めにお金を払っているわけでもない。しかし、無料で製品を提供している企業は、それでもなお市場支配力を持っている可能性がある。より高い価格を請求するのではなく、他の方法でその力を行使するかもしれないのだ。例えば、市場支配力を持つソーシャルネットワークは、ユーザーフレンドリーでないインターフェイスで済ませることができるかもしれない。あるいは、その市場支配力を利用して、ユーザーからより多くの個人データを引き出すかもしれない。つまり、より現代的な市場支配力の定義は価格のみに焦点を当てるのではなく、市場支配力が他の方法で行使される可能性があることを認めているのである。そのため、企業が市場支配力を持つ状況は、しばしば「価格、品質等を左右できる状態」と表現される。

　市場支配力の定義が済んだところで、次に、市場支配力には「程度」があることを理解しておく必要がある。市場支配力が極端に大きい例としては、独占がある。これは、市場に企業が１社しか存在しない状況である。この場合、その企業は最大の市場支配力を有しており、最も収益性の高い水準で価格を設定することができる。競争者を気にする必要はない。しかし、現実には多くの市場では企業はある程度の市場支配力を有するものの、これほどの市場支配力を有することは稀である。

　例えば、有力な会社といくつかの小規模な会社が存在する市場では、有力な会社が市場支配力を持ち、プライスリーダーとして機能することがある。とはいえ、その価格設定に限界がある。また、３〜４社のほぼ同等の競争者がいて、新しい競争者が参入しにくい市場もある。これは寡占と呼ばれ、その場合には企業はある程度の市場支配力を持つことがある。なぜなら、このような市場では、企業が互いの行動をある程度予測できるため、予測に基づいて戦略的な

価格行動をとれば、競争価格よりも高い価格設定をすることが可能となるからである。

【具体例】Googleとトヨタは市場支配力を持っているか

　ここでは、競争当局がどのようにして企業の市場支配力の有無を見極めているかについて具体例を見てみよう。そうすることで、企業規模と市場支配力は全く異なるものだと理解できるだろう。

　実際の事例に基づいた2つの例を挙げる。最初の例は、世界で最も人気のある検索エンジンを開発したGoogleに関するもの。2番目の例は、世界最大の自動車メーカーであるトヨタ自動車に関するものである。

　Googleは、市場支配力を有しているのだろうか。実際のところ、この質問は広すぎる。というのも、GoogleはGoogle検索やGmail、YouTubeといった多様な製品を提供しているためである。そのような中で単に漠然とGoogleは市場支配力を有している、とは言えない。競争法はそのような見方をしない。競争法は、特定の市場に注目し、Googleの各製品についてその競争者を見る。ある市場で競争者が多くても、別の市場には競争者がほとんどないこともある。要するに、競争法は市場ごとにGoogleの力を見ているのである。

　市場別アプローチをとるということは、競争当局が特定の市場ごとに線引きをする必要があることを意味する。つまり、Googleの製品ごとに、他社の製品ではどの製品がGoogleの製品と類似しており、Googleの製品と競争関係にあるかを確認する必要がある。

この作業は市場画定と呼ばれる。そして、これを行うために競争法は基本的に顧客の立場に立つのである。顧客の観点から、どのような製品が Google の製品に代替するものとして、選択肢に入るのだろうか。

　Google の主力製品である「Google 検索」を例に挙げて説明しよう。最近、米国の競争当局が起こした訴訟で、当局は、Google が一般検索の市場で市場支配力を持っていると主張している。一般検索とは、基本的に検索語を入力することでインターネット全体にアクセスする方法で、私たちの多くが日常的に利用しているサービスである。それに対し、ホテルや航空券、仕事などを具体的に探すための、専門的な検索エンジンもある。しかし、それらの専門的な検索サービスは、おそらく一般検索の代替にはならないので、Google 検索の競争者にはなりえない。この訴訟では、米国の競争当局は一般検索の市場に焦点を当て、Google がその市場を支配していると主張している。

　一般検索の市場では Google には 3 社の競争者（Bing、Yahoo!、DuckDuckGo）がいるが、90% 近い市場シェアを持つ Google に比べるとはるかに小さいものである。つまり、Google は深刻な競争には直面していないのである。また、新たな企業がこの市場に参入し、Google に挑むことは非常に困難である。これらの要素から、米国競争当局は、Google が一般検索の市場において市場支配力を有していると結論づけている。

　次に、トヨタ自動車について検証してみよう。トヨタは市場支配力を有しているのだろうか。競争法は市場ごとに力を見るものであり、市場という概念は、顧客がどのようなものを合理的な代替品と考えるかに基づいていることを忘れてはならない。消費者の目から

178

第 11 講　大きいことは悪なのか？　競争法は巨大企業にどう対処するか

　見て、すべての車に代替性があるわけではない。トヨタ・ヤリスを
選択肢とする顧客からみて、ホンダ・フィットやフォルクスワーゲ
ン・ポロはいずれもコンパクトカーで、選択肢に入るが、ポルシェ
はおそらく選択肢には入らず、別の市場に属している。このような
市場画定をしたうえで、競争当局は、市場ごとに別々の検討を行い、
それぞれにおいてトヨタがどの程度強いのか、どのような競争に直
面しているのかを明らかにする。

　欧州の競争当局は、自動車業界の企業結合をきっかけに、何度か
この作業を行ったことがある。特定の自動車メーカーに市場支配力
を与えないよう、企業結合をするためには競争当局による事前審査
が必要である。自動車業界の企業結合について判断する決定におい
て、欧州の競争当局は、小型車、スポーツカー、SUV など、さま
ざまな市場を別々に画定している。

　そして、トヨタはどの市場においても市場支配力を持っていない
ことが判明した。EU のほとんどの国でトヨタの市場シェアは 5%
から 10% ほどで、フィアット・プジョー、フォルクスワーゲン、
現代自動車、ルノー・日産・三菱といった企業との激しい競争にさ
らされている。したがって、トヨタは欧州のどの乗用車市場におい
ても市場支配力を持っていないと結論づけることができる。

　本講の冒頭で、トヨタも Google も非常に大きな企業であること
を確認したが、規模と市場支配力は全くの別物といえる。競争法は、
特定の市場に注目する。顧客はどのような製品を代替品と考えるの
だろうか。Google 検索の代替品は何だろうか。トヨタのヤリスの
代替品は？　それを体系的に行うことで、それぞれ特定の市場にお
ける Google とトヨタの競争者を見極め、それらの企業がその特定
の市場において市場支配力を持っているかどうかを判断するのであ

179

る。トヨタもGoogleも非常に大きな企業であるが、トヨタは少なくともヨーロッパでは市場支配力を持っておらず、Googleは少なくとも米国の一般検索市場では市場支配力を持っている。したがって、トヨタはおそらくGoogleほど競争法の心配をする必要はないといえるだろう。

市場支配力があるというだけで違法なのか

　市場支配力が競争法の中心的な概念であること、そして、市場支配力とは、企業が消費者に「通常」よりも高い価格を支払わせることができることを意味することを、ここまでで確認した。これにより、企業が市場支配力を持つことを競争法が禁止していると考えるかもしれない。少なくとも、市場支配力の最も極端な形態である独占的な力は禁止されるべきであると考えるかもしれない。日本の競争法の名称である「独占禁止法」は、独占を禁止しているということを示唆しているようにも思える。

　実際のところ、そうではないのだ。現在の競争法は、市場支配力それ自体を禁じているわけではなく、独占も禁じてはいない。そうではなく、禁じているのは市場支配力の濫用である。

　つまり、競争法が適用されるためには、企業が市場支配力を持ち、さらに、濫用的な行動をとることが必要なのである。競争法違反となるのは、市場支配力と行為の組み合わせである。

　それではどのような行為が「濫用」とされるのだろうか。これを詳細に説明しようとすると競争法の教科書を1冊書けてしまう。そ

れを避けて簡単に言うと、市場支配力を持つ企業がその力を濫用する方法として、(1) 排除的行為（例えば、顧客が支配的な企業の競争者から購入することを禁止する）、(2) 搾取的行為（例えば、顧客に不当な不利益を与える）、(3) 合併・買収（例えば、競合他社を買収する）の3つがある。

これらは、競争法の4つの重要なルールのうち3つをカバーしている。4つ目のルールであるカルテルなどの反競争的な合意の禁止（カルテルの例については本書の第13講「競争法の国際的適用」（白石忠志）を参照）は、企業同士が高い価格を請求することに合意することを禁止している。カルテルとは、基本的に、個々に市場支配力を持たない企業が、顧客から高い価格を引き出すための手段である。単独では市場支配力が持っていない企業でも、一緒に行動すれば市場支配力を持つ。

競争法は大企業に対して何か対策を講じるべきなのか

現在の競争法において、規模はそれほど重要視されていないことを確認した。また、現在の競争法では、仮に企業が市場支配力を持っていたとしても、それだけでは問題とはならない。アメリカやヨーロッパ、日本などでは、立法府や裁判所によって、実際にそのような法が形成されている。

しかし、市場支配力は、なぜ違法であってはならないのだろうか。結局のところ、市場支配力を持つ企業は顧客から搾取し、過剰な請求を行うことができるのである。

競争法が市場支配力に抗わないのは、競争を勝ち抜いた企業を罰したくないからである。企業に競争を促しておいて、競争して勝ったら敵対するというのは、さすがに矛盾していると言わざるを得ない。市場支配力は、策略や競争相手の買収によって得ることもできるが（この場合、競争法上違法である）、ひとえに努力や革新的なアイデアの結果として得られることもある。後者の場合、競争に成功した者を罰することは、競争法が保護しようとする競争の動機そのものを損なってしまう。

昔から競争法は市場支配力を問題としなかったのか

　現在の競争法は規模にこだわらない、現在の競争法は市場支配力それ自体には抗わない、と何度か述べたことにお気づきかもしれない。それでは、昔は違っていたのだろうか。確かに、以前はある程度違っていた。
　日本では、アメリカの占領下にあった1947年に「独占禁止法」が制定された。当時、アメリカの占領当局が問題視していたのは、戦前・戦中の日本経済の大部分を支配していた財閥であった。独占禁止法は、単に特定の行為を禁止するだけではなく、過度な市場支配力それ自体を直接対象とした規定もいくつか含むものだった。また、日本の公正取引委員会は、企業が何ら違反行為を行っていなくても競争を回復するために企業を分割する権限を持っていた。独占禁止法にあるこれらの過大な経済力の禁止規定は、後の法律で廃止されたか、単に使われなくなったかのどちらかである。

第11講 大きいことは悪なのか？ 競争法は巨大企業にどう対処するか

　競争法発祥の地であるアメリカでは、もともと競争法は、企業が大きいことそれ自体に敵対するようなものだった。アメリカの競争法は「反トラスト」と呼ばれているが、反トラストの「トラスト」は、信頼とは関係ない。本来は、19世紀末に産業全体を支配していた大企業の集合体であるトラストのことを指している。アメリカ議会は、それらの企業の手に膨大な富が蓄積されることを非常に懸念していた。反トラスト法は、トラストに対抗する法律であり、大企業は経済だけでなく民主主義にとっても脅威とみなされた。

競争法は再度変わるのか

　米国では現在、競争法を改正し、企業が非常に強大になることそれ自体を阻止する役割を復活させようという動きがある。経済的な集中に対する懸念が高まり、特にGAFAの力がこの展開の原動力となったのである。

　この運動は、大企業の権力と闘った元最高裁判事のルイス・ブランダイスにちなんで、新ブランダイス運動と名付けられた。

　この動きは、バイデン大統領が、競争法を執行する米国の2大機関の1つである連邦取引委員会の委員長に、新ブランダイス派の代表格であるリナ・カーン氏を任命したことで、一定の勢いを得た。しかし、米国の裁判所は一朝一夕に変わるものではないので、裁判所による競争法の解釈は過去数十年にわたり整備されてきたままであり、変更されていない。つまり、米国の競争法は、規模や政治的影響力ではなく、市場支配力にのみ焦点を当てたままであり、しか

183

も、そのような市場支配力があるというだけでは違法ではないのである。

　ここで、私たちが提起した最初の問いに戻ってみよう。競争法はGAFAを解体させることができるのか。現行の競争法では、それは不可能である。単に強大だからといって、企業を分割することはできない。これは競争法における非常に確立された原則であり、近い将来に変わるものではないと思う。しかし、この見解に異議を唱える人たちもおり、長期的にどのような展開を見せるのかはわからない。競争法は過去にも変化してきたし、新たな問題が発生し、新しい世代の学生が政策立案者、弁護士、裁判官、学者になるにつれ、再び変化することは大いにあり得る。

　＊この講において述べる見解は筆者個人の見解であり、いかなる組織を代表するものでもない。また、本講に関連する研究の一部はJSPS科研費JP22K01183、JP22H00041の助成を受けたものである。

─── 文献案内 ───────────────────────────

＊独占禁止法の入門
　・白石忠志『独禁法講義〔第10版〕』（有斐閣、2023年）
＊GAFAを含む大企業に対してより積極的に行動するよう主張するもの
　・TIM WU, THE CURSE OF BIGNESS: ANTITRUST IN THE NEW GILDED AGE
　　(2018)（日本語訳では：秋山勝訳『巨大企業の呪い　ビッグテックは世界をどう支配してきたか』（朝日選書、2021年））
　・木下昌彦「デジタル・メディア・プラットフォームの憲法理論」情報法制研究9号（2021年）16-33頁

第 12 講   租 税 法

租税競争をくいとめる

増井良啓

> 2021年10月、140近い国が参加する国際的フォーラムで、各国間の法人税引き下げ競争に一定の歯止めをかけることが合意された。合意におけるふたつの柱のうち、柱2（Pillar Two）と呼ばれるものである。柱2は、租税競争をくいとめるための重要な一歩である。しかし、国際社会における意見対立を反映して、さまざまな課題を抱えている。本講を読んで、このような現状について考えてみよう。

はじめに

　2021年10月、140近い国が参加するOECD/G20包摂的枠組み（The OECD/G20 Inclusive Framework on BEPS）で、各国間の法人税引き下げ競争に一定の歯止めをかけることが合意された。合意における2つの柱のうち、柱2（Pillar Two）と呼ばれるものである。日本の2023年3月税制改正でも、その一部が法律にとりこまれた。

　柱2は、租税競争をくいとめるための重要な一歩である。しかし、国際社会における意見対立を反映して、さまざまな課題を抱えている。以下、次の点を述べる。

- 租税競争とは何か（Ⅱ）
- 柱2の概要（Ⅲ）
- どのような課題を抱えているか（Ⅳ）
- 授業参加者への「お題」（Ⅴ）

　なお、2021年10月の合意のいまひとつの柱である柱1（Pillar One）については、交渉の背景や経緯を中心に、別の機会に述べた（増井良啓「GAFAの利益をつかまえる」東京大学法学部「現代と法」委員会編『まだ、法学を知らない君へ——未来をひらく13講』（有斐閣、2022年）169頁）。本講はその姉妹編である。本講は2022年5月3日の講義を基礎とし、2023年12月末までの情報を補った。

租税競争とは何か

1. 底辺への競争

　経済活動はグローバルに展開しているが、課税はローカルである。主権国家がそれぞれに税制を立法し、まちまちに執行している。このことを反映して、各国の国民負担率にはばらつきがあるし、基幹税の組み合わせ方（tax mix）も異なる。法人所得税（法人の所得に対する租税）についても、国によって法定税率に高低があり、課税ベースに差異がある。

　国際課税のルール形成がこのように分権的である中で、可動性の高い資本を求めて各国間の租税競争（tax competition）が生ずる。租税競争が生ずるのは、次のようなメカニズムによる。

　ある国の（相対的に）重い課税を嫌って、より軽い課税ですむ国

へと資本が逃げていく。そのことがわかっているから、自国に対して投資を呼び込みたい国は、資本減税を行う。しかし、ある国の減税が他の国からの資本流出を促し、近隣窮乏化を招くとなると、他の国も資本課税の水準を切り下げて対抗する。そしてこの動きに負けまいとして、もとの国もさらに引き下げ措置を講ずる。各国間で底辺への競争（race to the bottom）が生ずるのである。経済実体を伴わない形式上の利益移転をめぐっては、引き下げ競争はあからさまである。

　法人所得税は資本に対する課税の重要な要素であり、租税競争の影響を受けてきた。日本の法人税の法定税率（国税の基本税率）も、1980 年代半ばには 43.3％ であったところ、1990 年代に 30％ 台に引き下げられ、2011 年に 25.5％ に、2018 年からは 23.2％ になった。この間に 20 ポイントも引き下げられたことになる。2023 年 3 月現在、地方税をあわせると 30％ を少し下回る水準である。このような法人所得税の引き下げは世界的な傾向である。日本と密接な経済関係にある多くの国々が、日本の法人税よりも低い法定税率を有している。

2. 自律性を守るための国際協調

　もともと、課税権は国家主権の中核（最判平成 21・10・29 裁判所 Web（平成 20（行ヒ）91）（グラクソ事件））であり、それぞれの主権国家が相互に対等な資格で自国の税制をくみたてる。どこか別の国に強制されて税制をつくるのではない。とりわけ民主主義国家においては、租税制度はその国の国民の意思を反映すべきものである（最大判昭和 60・3・27 裁判所 Web（昭和 55（行ツ）15）（大嶋訴訟））。民主主義的な意思決定が各国単位でなされる以上、税制の設計にお

いても国単位の自律性が要求される。

　しかし、相互依存の進む国際社会において、他のアクターの動向から無関係に一国の意向だけで税制を組み立てることはできなくなっている。むしろ、租税競争の圧力を受けて、小国は、自国の租税制度を自律的に構築する能力を失いかねない。国家が課税能力を維持するためには、租税競争に対する歯止めを設けるための国際協調が必要になる（増井良啓「租税制度の国際的調和——その規範的根拠と具体的道筋をめぐって」社会科学研究53巻4号43頁（2002年））。

　ここで、自律性を守るために協調するというのは、やや逆説的なことにきこえるかもしれない。だが、グローバル市場において多国籍企業の活動はしばしば小国のそれを凌駕し、いつでも退出する構えをみせている。各国がそれぞれに孤塁を守っているだけでは、見境のない租税競争のえじきになる。抜け駆けを防止するための最低限の国際協調があってはじめて、各国は自律的に税制を運営できるのである。

　なお、国際協調によって租税競争を制限することについては、「高課税国によるカルテルであり望ましくない」と批判する人もいる。競争圧力があるから政府の肥大化を防ぐことができるというのである。この議論は、1998年にOECDが「有害な税の競争（harmful tax competition）」に対する国際的な対抗運動を行った時期から存在する。租税競争への対抗策について、各国間に現在も温度差がある理由でもある。ここではこの議論に立ち入らず、貧しい国の歳入構造ほど法人所得税にヨリ多くを依存しているため租税競争の影響を受けやすい、という点を指摘するにとどめる。

188

柱2の概要

1. グローバル最低税率15％

2021年10月、OECD/G20包摂的枠組みで、136の国々がグローバル最低税率15％に向けた取り組み（柱2）に合意した。その後、OECD/G20包摂的枠組みは、柱2の内容として各国が採用すべき制度の詳細について、同年12月にモデル・ルールを、2022年3月に注釈を、同年12月に実施パッケージを、2023年2月と7月と12月に執行ガイダンスを公表した。

もし世界中のどの国でも最低15％で課税されれば、法人所得税の引き下げ競争に底ができることになる。日本の法人所得税の（国税と地方税をあわせたところで）30％弱という水準からみるとたかだか半分ではあるものの、このことには意義がある。投資や事業の立地決定に対して法人所得税が与える歪みが減り、軽課税国への形式的な利益移転の誘因が小さくなる。2023年11月のある推計によると、2017年から2020年の期間に15％未満で課税された利益は各年平均で2.1兆ドルにのぼる。

ここでグローバル最低税率15％というときの税率は、法人所得税の国別の実効税率（effective tax rate）を意味する。実効税率とは、当該国の税制における非課税項目や租税優遇措置を加味したうえで、所得に対する税額の正味の負担率を測定するものである。実効税率は法定税率の影響を受けるが、法定税率と必ず一致するわけではない。その国の法定税率が15％以上であっても、企業誘致のために租税優遇措置を講じている場合、当該企業のある会計年度における

実効税率が 15% 未満になることは十分にありうる。

グローバル最低税率を実施するための中核が次に述べる GloBE (Global Anti-Base Erosion) ルールであり、有志国の国内法改正による対応が予定されている。

2. GloBE ルールによる上乗せ課税

グローバルに最低税率を設けるやり方として、GloBE ルールは、有志国が共通アプローチを採用することで、軽課税国の課税が足りない部分に上乗せ（top up）課税する。

この GloBE ルールによる上乗せ課税は、ふたつのルールによる。

(1) 所得合算ルール（Income Inclusion Rule, IIR）

軽課税国にある子会社等の実効税率が 15% に満たない場合、15% に達するまで親会社の居住地国で上乗せ課税する。ただし、当該軽課税国は、IIR と同じ対象と税率を基礎とする適格国内ミニマム課税（qualified domestic minimum top-up tax, QDMTT）を導入することにより、他国の IIR に優先して税収を得ることができる。

(2) 軽課税所得ルール（Undertaxed Profit Rule, UTPR）

IIR を補完するものとして、軽課税国にある親会社等の実効税率が 15% に達するまで子会社等の居住地国で上乗せ課税する。補完が必要になるのは、親会社の居住地国が必ずしも IIR を採用しているとは限らないからである。

上記(1)と(2)のいずれについても、適用対象は 7 億 5000 万ユーロ以上の売上高を有する多国籍企業である。国別実効税率が 15% に達しているか否かの判定は所定の計算式によって行う。計算式の分母は企業会計上の連結財務諸表を基礎として求める。Ⅳで後述する

所得除外の存在により、上乗せ課税する対象は多国籍企業の超過利益に限られる。

3. 共通アプローチ

重要なこととして、これらのルールの採用は各国の義務ではない。
もし各国が採用を選択する場合には、共通アプローチとして国際的に合意した内容と整合的な形で国内法を整備する、というにとどまる。

つまり、グローバル最低税率 15% といっても、各国がばらばらに税率を設定するという基本は従来と変わるところがない。そのことを前提とした上で、軽課税国の課税だけでは 15% に足りないところを、やる気のある他の国（親会社や子会社等の居住地国）が IIRや UTPR を採用して上乗せ課税しましょう、という合意なのである。また、軽課税国としては、有志国が GloBE ルールによって上乗せ課税してきても文句はいいません、税収がほしければ自分でQDMTT を採用します、という合意なのである。

このことは、国際社会における分権的な法形成の現状を反映している。OECD/G20 包摂的枠組みの参加国は一枚岩ではなく、租税競争に対する態度においてかなりの温度差がある。租税競争をくいとめたい国、必ずしもそうではない国、積極的に抜け駆けしたい国が、共存している。以下の IV で述べる課題は、かなりの程度、このような現状から生じている。

4. 複数のルールの優先関係

なお、柱 2 には、GloBE ルールの他に、STTR（Subject to Tax Rule）がある。STTR は、租税条約締結国間に所在するグループ会

社間での支払いについて、支払側の国において、租税条約の特典である源泉税の減免を否認して、最低税率（9%）まで源泉徴収することを許容するルールである。途上国の要望を反映したものである。

複数のルールが重複する場合、まずSTTRが優先し、次にQDMTTが、続いてIIRが、最後にUTPRが、という順番で適用される。

どのような課題を抱えているか

1．どの国が採用するか

柱2が租税競争への歯止めとして効果的なものになるかは、どの範囲の国がこれを採用するかにかかっている。

まず、OECD/G20包摂的枠組みの参加国は142であり、そのほとんどが柱2に合意した。世界中で196近くあるすべての国・地域を含んでいるわけではないものの、世界のGDPの90%を超えている。

この中で、有志国が続々と税制改正を行っている。米国には2017年税制改革以来、同種の制度（GILTI）がすでに存在する。バイデン政権下の2022年インフレ抑制法ではGloBEルールに足並みをそろえる改正こそ実現しなかったものの、何らかの形で共存がはかられることが期待される。EUは2022年12月に指令を採択し、EU加盟国に対してGloBEルールを実施することを義務づけた。英国や韓国も立法を講じた。

日本の2023年3月税制改正は、GloBEルールのうちIIRを先行

して法人税法にとりこんだ（法人税法82条以下）。QDMTTや
UTPRについては、2025年度税制改正以降の法制化が検討されて
いる（自由民主党・公明党「令和6年度税制改正大綱」（2023年12月14
日）15頁）。

2．軽課税国のインセンティブ

　GloBEルールの設計には、国際交渉における妥協を反映し、い
くつもの例外や除外項目がある。そのため、軽課税国にとっては、
形を変えた租税競争を続行するインセンティブが残る。

　ややテクニカルな話になるが、次のような可能性が指摘されてい
る。

- 国別実効税率の計算式において、租税優遇措置を講ずれば
  15%を下回ってしまう場合でも、法人所得税を徴収したうえ
  で補助金を支出すれば下回らない可能性がある。そこで、補助
  金に切り換えることで多国籍企業の誘致を図る競争が続く。ま
  た、この計算式では、還付つき税額控除が補助金として扱われ
  るので、既存の租税優遇措置を還付つき税額控除に切り換える
  対策を講ずることで、租税競争を行う。

- 国別の最低課税額の計算において、実質ベースの所得除外
  （substance based income exclusion, SBIE）が設けられており、上
  乗せ課税されるのは多国籍企業の超過利益だけである。具体的
  には、有形資産（たとえば工場など）と支払給与の一定割合（経
  過措置の終了後は5%）が上乗せ課税の対象から除外される。そ
  のため、工場や人員を自国に招き寄せるための租税競争は、
  GloBEルールの規律の対象から外れる。

- 軽課税国はQDMTTを導入することで、親会社や子会社の居

住地国に優先して上乗せ課税分の税収を得ることができる。そこで、どうせ他国に上乗せ課税されてしまうことがわかっているのであれば、QDMTT を導入して自国の税収を確保することが、軽課税国にとって合理的な戦略となる。ここで、QDMTT の適用対象は大きな売上高を有する多国籍企業の超過利益についてのみである。それ以外の会社の利益に対して広く適用される法人所得税は、依然として低いままにしておくことができる。

これらの誘因がどの程度強く働き、軽課税国が実際にどのように対応するかは、柱2の実施過程において注視すべきことがらである。

3. 複雑なルール

これまでの説明からもおわかりいただけるとおり、GloBE はきわめて複雑なルールである。適用対象となる多国籍企業グループの判定にはじまり、国別実効税率 15% の計算、国別の最低課税額の計算、納税義務者の特定など、実務上必要となる作業が多く、そのために要する情報も膨大である。全世界の国々を巻き込むルールであるがゆえに関係国が多くなり、しかもある国の課税が別の国の課税を直接に左右する。そのため企業の納税協力費用がきわめて高くなってしまう。

GloBE はあくまで共通アプローチであるので、IIR や UTPR を採用しないことは、各国の自由である。しかし、他国の上乗せ課税をくらわないようにするには、各国の立法担当者は複雑なルールを理解したうえで既存税制を再検討し、QDMTT の導入によって対応しなければならない。このことは、とりわけ執行能力の不足に悩む途上国にとっては、頭の痛い問題である。

企業の事務負担との関係で日本において問題とされているのが、1978年から存在する外国子会社合算税制（CFC税制、租税特別措置法66条の6以下）との関係である。このCFC税制は、新しく導入されるGloBEルールのIIRとは似て非なるものである。IIRが軽課税国に15%最低課税を促す措置であるのに対し、CFC税制は日本から外国への利益移転に対抗する措置である。目的が異なるから、IIRを導入するからといってCFC税制をなくしてしまうわけにはいかない。けれども、両者が並立することで日本企業の事務負担は膨れ上がってしまう。これに対応すべく、2023年3月税制改正では限定的にCFC税制の適用対象を縮減した。今後、グローバル最低税率15%の実施状況の進捗に応じ、制度のより大胆な簡素化が課題となろう。

4. 法人所得税の命運

GloBEに関する課題としては、以上のほかにも、増加が見込まれる紛争の処理や、UTPRの租税条約適合性など、多くのものがある。また、国際機関における決定と国会による民主主義的統制との間の関係も課題となる（これについては授業の「お題」にした）。ここでは、大局的な租税政策の課題として、法人所得税の命運につき一言する。

多国籍企業の超過収益は、無形資産に由来する。無形資産に関する権利は人為的に外国子会社につけかえることができ、可動性（mobility）が高い。このように可動性の高い要素を国家間課税権配分の基準にするから、課税国からの逃避が生じ、国家間で法人所得税の引き下げ競争が生ずる。だとすれば、ヨリ可動性の低い要素を基準にすることで、安定的な状態にもっていけるのではないか。将

来像としてこのように考える人たちがいる。

　ある研究者グループは、第三者への売上地である市場国（仕向地国）に課税権を配分することで、経済効率性、公正さ、租税回避への耐性、容易な執行、誘因両立性（他国にコストを押しつけて国際合意を破壊する誘因が小さいこと）といった基準を相対的によく充たすことができると論ずる（Devereux et al., Taxing Profit in a Global Economy（Oxford University Press 2021））。彼らの提案する代替案は以下のいずれかである。

- **所得による残余利益配分**　　多国籍企業の利益をふたつに分解し、①通常利益については機能と活動の場所で課税し、②残余利益について第三者への売上地で課税する。
- **仕向地ベースキャッシュフロー税**　　よりラディカルな提案で、法人所得に代えてキャッシュフローを課税ベースとし、仕向地に課税権を配分する。

　このように、法人所得税をめぐる租税競争をめぐる現下の動きの先には、そもそも租税競争を生じにくい税制への進化が、より中期的な課題として存在するのである。

授業参加者への「お題」

　2022年5月3日に東京大学駒場キャンパス900番教室で行った対面授業の終わりに、「お題」に答える、という作業を参加者にお願いした。授業内容を踏まえて、140〜280字程度の文章を提出してもらう、という作業である。参加者はそれぞれに真剣な回答を寄

第12講　租税競争をくいとめる

せてくれ、なかなか読みがいがあった。

　「お題」は、次のとおりである。

　今日話題提供したように、多国間の話し合いによって課税ルールの重要な部分を決めることが増えてきています。そのような国際合意が先行し、各国の税制改正や各国間の条約改正は合意内容を実施する、という局面が増えているのです。このような現状には、「国会による民主主義的統制」とか「代表なくして課税なし」とかいった重要な憲法原理との関係で、問題がないのでしょうか。もし問題がある場合、どうすればいいのでしょうか。

　この「お題」について考える前提として、OECD/G20 包摂的枠組みに誰が出席しているかを理解しておく必要がある。出席しているのは各国の官僚である。この人たちは各国で民主的に選出されているわけではない。

　専門技術的なことがらを話し合う作業を官僚に任せるのは自然であるし、効率的でもある。しかし、本講でみてきたように、協議内容はしばしば基本的な事項に関係し、本来ならば各国の議会で決定すべきことがらを含んでいる。これがこの「お題」の前提である。

　授業参加者による多くの回答は、国会が関与するから問題がない、と論じていた。これはひとつの立論であるのだが、一歩突っ込んで、次のような法的状況を念頭においてほしい。

　条約は内閣が締結し、国会が事前または事後に承認する（憲法73条3号）。実際には事後の場合がほとんどである。この承認は法律

よりも簡略な手続による（憲法61条）。現在の確立した慣行では、国会の承認の対象は「条約を全体として承認するか否か」のみであり、国会で「条約のこれこれの部分を修正する」ことは認められていない。つまり、外交交渉を司るのが内閣であり、条約締結の承認という形で事後チェックをかけるのが国会である。このような権限分配構造になっている。しかも、条約はそのままで国内的効力を有し、法律に優位すると解されている（憲法98条2項）。

条約以外のやり方で、国際的な場で話し合ったことがいわば対外公約になり、その後の政府の行動を規定する、ということも多い。2021年10月の国際合意もまさにそういうものであり、その後、税制改正によって国内実施されていく。この場合、税制改正の手続こそ国会で制定する法律によっているが、その内容自体は国際合意をなぞっているにすぎない。どのような内容のルールにするかは、OECD/G20包摂的枠組みにおいて合意した時点で既に日本政府の国際公約として政治的に決まっている。国会の審議で、その内容をおいそれと改変するわけにはいかないのである。

以上から、国会のチェックがあるから問題ないと単純にいいきることはできない。むしろ、各国における民主主義的意思決定との関係では、問題があるといわねばならない。

ではどうすればいいか。国会をはじめとして、国内アクターによる実質的な監視機能を高めるための工夫が必要であろう（増井良啓「憲法と租税条約」日税研論集77号（2020年）333頁）。あわせて、OECD/G20包摂的枠組みの審議プロセスをいっそう透明化し、利害関係者との公開協議をより丁寧に行うことが肝要である。

その意味でも、本講を読んだ皆さんには、内外の法形成過程への感度を高め、議論を主導できるような力をつけてくれることを期待

したい。そのためには、法律の勉強をするときに、世の中の広い動きとの関連を意識することが有益である。また、国際的なフォーラムでの議論がとても重要になってきているので、大学生の時期に「英語を仕事で使えるレベル」にもっていくための努力が、（皆さんがお考えになっている以上に）大切である。

── 文献案内 ──────────────────────────

・OECD/G20 Inclusive Framework on BEPS, Statement on a Two-Pillar Solution to Address the Tax Challenges Arising from the Digitalisation of the Economy – 8 October 2021, https://www.oecd.org/tax/beps/statement-on-a-two-pillar-solution-to-address-the-tax-challenges-arising-from-the-digitalisation-of-the-economy-october-2021.htm

・堀治彦「BEPS 包摂的枠組み──国際課税」法学教室 517 号（2023 年）54 頁

第13講　　　　　　　　　　　　　　　　　　　　　競争法

競争法の国際的適用

白石忠志

> 日本の法律が国際問題に適用され、興味深く難しい論点を提供した事例として、ブラウン管事件の最高裁判決を取り上げる。国ごとの法が国際問題に適用される場合が多くあること、国ごとの法であっても世界全体の状況を見て判断する必要があること、法的論点が裁判所に来る前から様々な形で一定程度のルールが定着している場合があること、段階を追って議論を積み上げるのが大切であること、など、多くのことに接する機会となる。最高裁判決の実物に接して読み解いてみる経験をするのにも好適な事例である。

法の国際的適用

　大学の1年生や高校生から、「国際法に興味がある」という声を聞くことは多い。国際法は重要であるから、素晴らしいことである。

　しかし、少し待ってほしい。興味がおありのものは、本当に国際法であろうか。

　東京大学法学部の教授も務めた国際司法裁判所の岩澤雄司裁判官の著書によれば、国際法とは、「主として国家間の関係を規律するが、限られた範囲において国際組織や個人についても規律する規則

200

の総体」である（岩沢雄司『国際法〔第2版〕』（東京大学出版会、2023年）5頁）。

「主として」の部分が重要である。国際法（international law）の主な対象は、条約など、国と国との間の約束事である。

それに対し、個人や企業の国際的な営みに対する規律は、国が「national law」によって行う場合が多い。国際法とされるものがこの場面で意味を持つこともあるが、最終的に施行されるルールを書いてそれに強制力を持たせる機能を果たしているのは、国際連合のような国際法的な機関ではなく、国であることが多い。少なくとも、この講で見ていく競争法の国際的適用は、そうである。個人や企業の国際的な営みへの働きかけに関する議論の多くは、国が施行する「national law」を舞台として、「national law」の専門家によって行われている。そして、各国の「national law」の専門家が、対面やオンラインで国際的な交流や国際的な情報交換をして、他国と比較したり他国を参考としたり他国に合わせたりしている。

ここまで、「national law」と言ってきた。「national law」は、国際法との対比のため、「国内法」と訳されることが多い。しかし、「国内法」と呼んでしまうと、そのような法に上記のような国際的側面があることが見えにくくなってしまうかもしれない。「国ごとの法」とでも呼ぶのが内容的には最も適切であるが、漢字3文字ではない。「各国法」などと訳されることもある。

また、例えばEUの法のように、複数の国が構成する組織が、国と同等の法を作って施行し強制力を持たせることがある。そのようなものや国などをあわせた総称として「法域（jurisdiction）」という言葉が使われることもある。しかしこの講では、簡明な表現のため、「法域」でなく「国」と呼ぶこととする。少なくともこの講につい

ては、EU も一つの国と考えていただいて結構である。

　ともあれ、このように、法の国際的な側面においては、国際法も重要であるが、国ごとの法も重要であり、多くの先端的で具体的な議論が国ごとの法を舞台として行われている。

　そもそも、大学の科目や専門分野の区分というものは、世界におけるルールの動態とは必ずしも関係なく、一応の整理として便宜的に仮置きされたものにすぎない。「日本史」と「世界史」の境界線は曖昧だから「日本史」と「世界史」という区分は廃止して全体で1つの「歴史」という科目だけにする、ということになったら、色々と困るであろう。それと同じであり、一応の整理として分けておくのが便利であるから、分けているだけなのである。将来を担う人は、一応の整理をうまく使いつつも、既存の垣根にとらわれず縦横無尽に関心を広げるのが望ましい。

競争法の国際的適用の定着

　国ごとの法が国際的に適用される一例として、競争法の国際的適用を取り上げる。国際的に「competition law」（競争法）と呼ばれているものが、日本では「独占禁止法」とか「独禁法」などと呼ばれている。

　題材としてブラウン管事件という事件を取り上げる。国際的な事案に対して日本の公正取引委員会が日本の独禁法を適用したことの是非が日本の裁判所で争われた。ブラウン管とは、長い間、家庭のテレビの基幹部品であり、テレビの画面の代名詞でもあったが、ブ

ラウン管事件が起こる前後の日本では既に、テレビの画面は液晶などに取って代わられていた。

ブラウン管事件は、法的に興味深く難しい問題を提起したので、最高裁判決にまでなった（最判平成29・12・12裁判所Web（平成28（行ヒ）233））。

それを後記Ⅲで紹介する前に、前提として踏まえるべき段階が2つある。

以下で紹介する第1段階と第2段階は、いずれも、ブラウン管事件の頃には既に競争法の分野では定着していた。競争法の国際問題は、外国の競争法で話題となったり、事件が日本の独禁法所管官庁である公正取引委員会の段階まで来ることはあっても、日本の裁判所にまで事件が来ることはほとんどなかった。ブラウン管事件が最高裁にまで上がってきた時期には既に、以下で紹介する第1段階と第2段階は、競争法の実務界で定着してから10年～20年が経っていたのである。

1. 自国競争法違反とできるのはどの範囲か（第1段階）──

国ごとの法を国際的な事案に適用し、外国の会社を違反者としたり課税したりすることは、競争法でも、他の法分野でも、よく行われている。

しかし、それが際限なく行われると、摩擦を引き起こす。例えば、米国のような力の強い国が自国法を国際的な事案に適用することへの抵抗は強い。他国にとってみれば、自国企業が米国法の餌食になる、という図に見えるからである。米国の力が相対化した最近では、別の国の国際的法適用が問題となることも増えるであろう。

そこで、競争法の分野では、国ごとの競争法の専門家の間で、国

203

ごとの競争法に違反すると論じ得る範囲を、自制し、揃える、という努力が重ねられてきた。

　その成果として、おおむね世界各国でコンセンサスが得られているのが、「効果理論」(effects doctrine) である。企業の行為が自国市場に影響する（効果を及ぼす）ならば自国競争法違反としてもよい、という考え方である。日本でも、遅くとも1990年頃には、そのようなコンセンサスが形成されていた。

　日本の場合、それは、条文に明記されているわけではない。例えば、カルテル（競争関係に立つ複数の企業が価格などを同じ程度に揃える合意）の場合、独禁法2条6項の「不当な取引制限」に該当すれば独禁法違反となるのであるが、その条文は以下のようなものである。

　　この法律において「不当な取引制限」とは、事業者が、……他の事業者と共同して……相互にその事業活動を拘束し、又は遂行することにより、公共の利益に反して、一定の取引分野における競争を実質的に制限することをいう。（独禁法2条6項）

　つまり、どの範囲の国際的事案を日本の独禁法違反とできるかは、「一定の取引分野における競争を実質的に制限する」という抽象的な言葉の解釈次第、ということになっている。競争法の条文は、どの国でも多かれ少なかれ、このような抽象的な文面であることが多い。

　ブラウン管事件で最高裁判決は、次のように述べた。下線は筆者による。

　　独禁法は、国外で行われた行為についての適用の有無及び範囲

204

に関する具体的な定めを置いていないが、同法が、公正かつ自由な競争を促進することなどにより、一般消費者の利益を確保するとともに、国民経済の民主的で健全な発達を促進することを目的としていること（1条）等に鑑みると、国外で合意されたカルテルであっても、それが我が国の自由競争経済秩序を侵害する場合には、同法の排除措置命令及び課徴金納付命令に関する規定の適用を認めていると解するのが相当である。したがって、公正取引委員会は、同法所定の要件を満たすときは、当該カルテルを行った事業者等に対し、上記各命令を発することができるものというべきである。

　下線部分は、世界的に効果理論と呼ばれているものを、日本の過去の最高裁判決などの表現を用いて言い換えただけである。この最高裁判決は、効果理論を採用したもの、と見てよい。

2. 自国市場とは何か（第2段階）

　前記1で見たように、効果理論とは企業の行為が自国市場に影響する（効果を及ぼす）ならば自国競争法違反としてもよいという考え方であるが、それでは、自国市場に影響するという場合の「自国市場」とは何か、ということが、第2段階として、問題となる。最高裁判決が第1段階で用いていた言葉を使えば、どのような場合に我が国の自由競争経済秩序を侵害すると言えるのか、と表現することもできる。

　これについて、1996年に、自国市場とは、自国に需要者が所在するような市場であり、これに影響があれば自国競争法違反としてよいということだ、と整理する「自国所在需要者説」が提唱された

(白石忠志「自国の独禁法に違反する国際事件の範囲(上)(下)」ジュリスト1102号、1103号（1996年))。「需要者」とは、商品（形のあるもの）や役務（形のないもの）を買う者であり、独禁法2条4項に出てくる言葉である。消費者だけでなく、企業も、商品や役務を買う。消費者や企業などを総称し、何かを買う者を「需要者」と呼んでいる。

　世界の多くの国の競争当局や競争法専門家は、「自国市場」という言葉について漠然としたイメージしか持っていないが、彼らの頭の中の漠然としたものを言語化すればこういうことだ、ということである。例えば、**図1**においてA・B・Cが価格カルテルをして自国需要者が高い買い物を余儀なくされたら自国競争法を適用してよいと当局・専門家は誰もが思っている。しかし、**図2**においてBがAを排除する行為を行って、Aの所在国からみた他国需要者にとっての選択肢が狭まっても、Aの所在国が自国競争法を適用してよいと考えている当局・専門家は少ない。現に、1992年に米国司法省（**図2**の「自国」の競争当局にあたる）がそのような主張をしたところ日本の公正取引委員会を含む世界の当局・専門家から批判され、米国司法省の主張が立ち消えになったことがある。

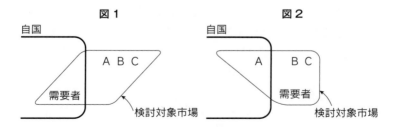

　自国所在需要者説は、上記のように、第一義的には、世界の多く

第13講　競争法の国際的適用

の当局・専門家の頭の中を言語化する現状分析の議論（descriptive proposition）であるが、同時に、ルールはそのようなものとすべきであるという規範的提言の議論（normative proposition）でもある。競争法は様々な価値を保護しているが、そのうち、需要者の保護は特に重要である。また、他国の需要者の利益になると称しつつ、実は自国の非効率な供給者（**図2**のA）を甘やかすために自国競争法を発動しようとする国はあり得るので、そのような国の出現を防ごうとすると、需要者の保護に関する判断はまずは需要者の所在する国に任せるべきである、という考え方（自国所在需要者説）につながる。

　ブラウン管事件で最高裁判決は、次のように述べた。下線は筆者による。

　　そして、不当な取引制限の定義について定める独禁法2条6項にいう「一定の取引分野における競争を実質的に制限する」とは、当該取引に係る市場が有する競争機能を損なうことをいうものと解される（最高裁平成22年（行ヒ）第278号同24年2月20日第一小法廷判決・民集66巻2号796頁参照）。そうすると、本件のような価格カルテル（不当な取引制限）が国外で合意されたものであっても、①当該カルテルが我が国に所在する者を取引の相手方とする競争を制限するものであるなど、②価格カルテルにより競争機能が損なわれることとなる市場に我が国が含まれる場合には、当該カルテルは、我が国の自由競争経済秩序を侵害するものということができる。

下線部①は、自国所在需要者説を最高裁判決なりに言葉にしたも

207

のである。「需要者」でなく「取引の相手方」としているのがどのような趣旨であるのかは定かではないが、売る競争に関するカルテルが問題となったブラウン管事件では「取引の相手方」=「需要者」と考えてよいであろう。

もちろん、下線部①と下線部②との間に「など」があるので、論理的には、下線部①は例示であり、下線部②が主たるルールである。

しかし、この最高裁判決を読み解く上では、次の2点を踏まえる必要がある。第1に、最高裁判決は、下線部①の例示に該当しないが下線部②に該当するものとして、どのようなものがあるのかを具体的に説明していない。第2に、最高裁判決は、後記Ⅲの第3段階において、第2段階の上記判示のうち、下線部②でなく、例示にすぎない下線部①を用いて結論を導き、公正取引委員会を勝訴させている。

このように、第2段階に関する最高裁判決は、実質的には、下線部①、すなわち、自国所在需要者説を採用したものと見ることができる。

ブラウン管事件の核心部分（第3段階）

第2段階で自国所在需要者説を採用するとして、論理的に次に浮かぶ疑問は、需要者が自国に所在するとはどういうことか、という問題であろう。特に、企業や個人が国境をものともせず取引をしている場合には、そのような問題を避けて通ることができない。

このことが提起された世界的にも貴重な事件が、ブラウン管事件

第13講　競争法の国際的適用

である。以下、本質に関係のないところで話が複雑化しないよう少々簡略化して、事案を紹介する。

　東南アジア諸国に所在するA～Eの5社は、その製造販売するブラウン管について、遅くとも2003年から、2007年まで、価格に関するカルテルの合意を行った。カルテルの対象となったブラウン管は、東南アジア諸国所在の需要側子会社が購入し、東南アジア諸国でブラウン管テレビを製造し、日本以外に向けて販売した。需要側親会社は、日本に所在していた。日本では、当時既に、液晶テレビなどが主流であったため、ブラウン管テレビは日本以外に向けて販売された。

　Aは日本のパナソニックグループの会社、Bは韓国のサムスングループの会社、Cは他の韓国系の会社、Dは台湾系の会社、Eはタイ系の会社である。

　需要側には、実は5組の親会社・子会社がいた。親会社は、それぞれ、オリオン電機、三洋電機、シャープ、日本ビクター、船井電機である。

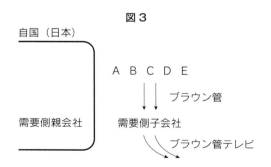

図3

つまり、ブラウン管事件では、「需要者」の機能のうち、ブラウン管という物体を受領して収益をするという機能（受領収益機能）が東南アジア諸国に所在し、そのような機能を発揮する需要側子会社に指示し統括するという機能（指示統括機能）が日本に所在していた。このように、世界に散らばった子会社の原材料等の購入活動（「調達活動」とも呼ばれる）を親会社が一元的に管理する「集中購買」は、日本に親会社を置く企業グループのみならず、他の国に親会社を置く企業グループも含め、世界的によくみられる現象である。

　公正取引委員会は、このカルテルは日本独禁法２条６項の「不当な取引制限」に該当し日本独禁法に違反するとして、排除措置命令・課徴金納付命令をした。この判断の是非が争われたのが、ブラウン管事件である。

　このカルテルを日本独禁法違反としてよいのか。ここでは、受領収益機能が所在する東南アジア諸国の競争法の問題とすべきであり日本独禁法違反とすべきでないとする受領収益説と、指示統括機能が所在する日本の独禁法違反としてよいとする指示統括説とが、対立することになる。

　受領収益説に立つなら、どのような理由を挙げるべきであろうか。指示統括説に立つなら、どのような理由を挙げるべきであろうか。いずれの考え方も成り立ち得る。考えてみてほしいので、この講では考慮要素を挙げず、最高裁判決がどう述べたかを紹介する。

　最高裁判決は、受領収益説か指示統括説かという一般論は述べなかった。

　まず、次の３点に触れた。第１に、本件では、需要側子会社の「ブラウン管テレビの製造販売業」を需要側親会社が統括・遂行していた（「ブラウン管」でなく「ブラウン管テレビ」である）。第２に、

第13講　競争法の国際的適用

本件では、需要側親会社は、その一環として、ブラウン管テレビの
「基幹部品であるブラウン管」について、A〜Eのどの供給者から
どのような価格でどのくらいの数量だけ購入するかなどの重要な取
引条件を決定し、それを需要側子会社に指示していた。第3に、本
件では、供給者と需要側とのブラウン管の取引条件に関する交渉は、
需要側では需要側子会社でなく需要側親会社が行っていた。

　その上で、最高裁判決は、次のように述べた。

　　そうすると、本件の事実関係の下においては、本件ブラウン管
　を購入する取引は、［需要側親会社］と［需要側子会社］が経済
　活動として一体となって行ったものと評価できるから、本件合意
　は、我が国に所在する［需要側親会社］をも相手方とする取引に
　係る市場が有する競争機能を損なうものであったということがで
　きる。

　この下線部は、前記Ⅱ2のうち、例示である下線部①を満たす
というような意味の表現となっている。
　この判示を受けて、最高裁判決は、「本件合意は、……我が国の
自由競争経済秩序を侵害するものといえる」とした。したがって、
本件合意すなわち本件のカルテルは、前記Ⅱ1の第1段階により、
日本独禁法違反としてよいものであるということになる。こうして
最高裁判決は、公正取引委員会の命令を是認した。

211

今後のために

1. どの説をとるべきか

　受領収益説も指示統括説も、それぞれに傾聴すべきところがあり、どちらが正しくどちらが間違いということではない。日本以外において指示統括説を前面に打ち出した実務が行われている様子は必ずしもなく、受領収益説を当然とした有力な米国裁判例もある。そして、実は、日本の最高裁判決は、指示統括説をとるための前提事実を前記Ⅲのように3つ並べただけであって、なぜ、需要側のそのような機能を重視すべきかについては、何も述べていないのである。

　2つの考え方のうちいずれをとるかは、他の人と議論することもできるが、自分一人の頭の中で議論することもできる。受領収益説を支えるにはどのような根拠があり得るか。そのような主張は指示統括説の立場からはどのように見えるか。指示統括説としてはどのような根拠を立てるべきか。それは受領収益説からはどのように見えるか。このように考えていくのである。

　そして、その際、以下のように立場を変えても自分は同じ説をとれるか、という「反転可能性」も、考えてみてほしい。まず、自分がＡ社の法務部員や代理人弁護士であっても、逆に公正取引委員会の職員であっても、同じことを言えるか、という反転可能性が重要である。それだけでなく、もし、ブラウン管事件の事案の「東南アジア諸国」を日本に置き換え、「日本」を米国やEUや中国や台湾や東南アジア諸国などに置き換えても、同じことを言えるか、という反転可能性も重要である。

第13講　競争法の国際的適用

　ブラウン管事件は、ブラウン管という有体物（形のある物体）の取引であったが、例えば、電子的なものが行き交うだけで完結してしまい有体物の行き来がなく、そもそも需要者の所在国を観念することが難しい取引においてはどうなるか、という論題は、専門家にも先が見えない難問である。若い頭脳が考えてみるに値するかもしれない。

2.　最高裁判決を読んで理解するにあたって ─────────

　そして、どの説をとるべきか、という規範的提言の議論だけでなく、いまルールはどのようになっているか、という現状分析の議論も重要であることを、改めて考えていただければ幸いである（前記Ⅱ2）。

　法学の授業や法実務においては、最高裁判決が述べたこと（≒「判例」）がよく出てくる。この講の最後にあたり、次のことを挙げておきたい。

　第1に、法は、司法府である最高裁の判例だけで動いているのではない。立法府（国会）が作った法律の条文や、行政府（ブラウン管事件では公正取引委員会）の活動なども交えながら、機能している。そしてそれらは、ビジネスや国際潮流に囲まれながら、動いている。前記Ⅱの第1段階と第2段階は、最高裁判決が言い渡されるよりもはるか前から国際的にも日本の独禁法実務においても確立していた。

　第2に、裁判所の判断は、(1) 事実関係を認定して、(2) 法律の条文を解釈し、(3) 認定した事実に条文を当てはめる、という3つの段階を経ている（「法的三段論法」）と考えるのが、一応の基本である。本件で紹介したブラウン管事件の3段階ではなく、上記の(1)〜(3)の三段論法である。せっかくブラウン管事件の最高裁判決を

213

読んだので、ブラウン管事件においては(1)(2)(3)がそれぞれ何で
あるかを、確認してみるとよいかもしれない。

　第3に、最高裁判決が、(2)について、明確なことを述べないこ
とがある。ブラウン管事件の最高裁判決は、その一例である。裁判
所の役割は目の前の事件に結論を出すことであって一般論を示すこ
とではない、と割り切って、「法的三段論法」というまとめ方自体
を否定・批判する論もある。しかし、なんでも否定すると型無しと
なってしまうので、まずは法的三段論法という型を知り、身につけ
た上で、時に必要に応じてこれを破る（型破り）、というのがよいの
ではないかと思われる。

　第4に、最高裁判決が(2)について一般論を述べていない場合も、
そこには言語化されていない一般論があるはずだ、と考えてそれを
確かめようとする現状分析の議論があり得る。一般論を述べている
場合も、そのような一般論が採用されたのは、目の前の事件（「事
案」）にどのような文脈（コンテクスト）があったからだ、という議
論がされることもある。Pという一般論は、事案にαという文脈が
あったから採用されたのであって、事案にβという文脈があったな
らば採用されなかったかもしれない、という議論を、「distinguish
する」ということがある（どのような一般論が当てはまるかという観点
からαという事案とβという事案を区別する、というような意味）。

　第5に、当然のことではあるが、教科書などに出てくる最高裁判
決は、全て、過去のものである。過去のものであるために、事案や
訴訟経緯などの文脈は見えにくくなり、また、既に結論が出てしま
っていて迫力に欠けるかもしれない。しかし、どの最高裁判決にも、
判決の前のプロセスやドラマがある。その事件を取り上げた側の人
たち、問題とされたために争った側の人たち、それらの間に入って

第 13 講　競争法の国際的適用

判断した人たち、が存在する。関係者が、結論の見えない中で時間をかけて議論し、その上で結論を導いているのである。当時の状況を探究して想像し、または、まだ結論の出ていない現在進行中の問題のうち自分が関心を持つものを同時進行で追ってみると、躍動する法のあり方を考える上での糧となるかもしれない。

── 文献案内 ──────────────────────────────

＊最高裁調査官解説
　・池原桃子・法曹会編『最高裁判所判例解説民事篇平成 29 年度（下）
　　（10 月〜12 月分)』（法曹会、2020 年）690-717 頁
＊図 3 の A 社の代理人弁護士が最高裁判決後に執筆した論説
　・長澤哲也「国際カルテルに対する独禁法の適用範囲──ブラウン管事
　　件最高裁判決」論究ジュリスト 25 号（2018 年）166-174 頁
＊筆者が最高裁判決前に米国や EU などの状況も含めて執筆した論説
　・白石忠志『独禁法事例集』（有斐閣、2017 年）568-587 頁
＊筆者による最高裁判決の評釈
　・白石忠志・法学協会雑誌 140 巻 5 号（2023 年）647-665 頁

事項索引

欧文・数字

agency theory ………………… 108
AI …………………………… 138
AID ………………………… 100
ASE ………………………… 95
CFC 税制 …………………… 195
CNAOP ……………………… 97
DD ………………………… 116, 118
distinguish ………………… 214
DX …………………………… 49
EU …………………………… 118
GAFA ……………………… 170
GATS ………………………… 8
GATT ………………………… 8
GloBE ルール ……………… 190
Google ……………………… 177
ICC …………………………… 15
ICJ …………………………… 14
ICPA ………………………… 16
IIR (Income Inclusion Rule) …… 190
ILO ………………………… 118
National Action Plan …………… 118
OECD ……………………… 118
OECD/G20 包摂的枠組み ……… 185
PACS ……………………… 100
QDMTT (qualified domestic minimum top-up tax) ……………… 190
SDGs ……………………… 108

STTR (Subject to Tax Rule) … 191
SWIFT ……………………… 10
Uber Eats…………………… 86
UTPR (Undertaxed Profit Rule)
………………………… 190
18 歳、19 歳………………… 54

あ 行

赤ちゃんポスト …………………… 91
安保理 ……………………… 4, 7
委棄の回転かご (tour d'abandon)
………………………… 94
維持………………………… 109
一票の格差訴訟 ………………… 31
ウクライナ侵略…………………… 1
ウクライナに対する侵略犯罪の訴追の
ための国際センター → ICPA
梅謙次郎 …………………… 93
売上高 ……………………… 172
売上高上位企業…………………… 172
運行供用者 ……………… 151, 159
運転………………………… 143
沿革研究 …………………… 91
応報 ………………………… 62
オンライン審議 ………………… 35
オンライン投票 ………………… 40

か 行

外国子会社合算税制 (CFC 税制)

事項索引

………………………………… 195	拒否権 ………………………… 4
会社 ………………………… 109	規律密度 ……………………… 40
——に対する義務 ……………… 109	緊急事態宣言下の本会議及び委員会の
会社法 ……………………… 109	審議のあり方について ……… 44
ガイドライン ………………… 21	近代市民法 …………………… 77
会派 ………………………… 42	クウェート侵攻 …………… 2, 13
過失 ………………………… 158	国親思想（パレンス・パトリエ）… 65
過失運転致死傷罪 ……… 150, 165	国ごとの法 …………………… 201
過失責任主義 ………………… 77	虞犯少年 ……………………… 65
課税権 ……………………… 187	クリミア侵攻 ………………… 2
合併・買収 ………………… 181	グローバル最低税率15% ……… 189
家庭裁判所 …………………… 60	グローバルサウス …………… 16
株主 ………………………… 109	グローバルなルール ………… 22
株主第一主義 ………………… 114	軽課税所得ルール（Undertaxed
カルテル ………………… 181, 204	Profit Rule, UTPR）……… 190
完全養子縁組 ………………… 95	経済制裁 …………………… 7, 16
官民ITS構想・ロードマップ … 138	刑事責任 ……………………… 156
議院運営委員会理事会 ……… 44	刑事手続 ……………………… 58
議院自律権 …………………… 38	継受 ………………………… 91
企業倫理 …………………… 115	契約自由の原則 ……………… 77
ギグワーク …………………… 86	欠陥 ………………………… 159
起訴便宜主義 ………………… 59	兼業 ………………………… 88
起訴猶予処分 ………………… 59	健康保険法 …………………… 80
機能的出席説 ………………… 47	検察官送致 …………………… 61
規範的提言の議論 …………… 207	憲章（チャーター） ………… 110
逆送 ………………………… 61	現状分析の議論 ……………… 207
行政が作るルール …………… 21	現場措置業務実施者 ………… 146
強制認知 …………………… 97	憲法審査会 …………………… 35
競争市場 …………………… 175	憲法第56条第1項の『出席』の概念
競争法 ……………………… 170	について ……………………… 35
——の国際的適用 ……………… 202	顕名出産 ……………………… 105
共同認知 …………………… 102	権利 ………………………… 32
業務上過失致死傷罪 ………… 165	公安委員会 …………………… 145

217

効果理論（effects doctrine）…… 204
拘禁刑 ……………………………… 60
工場法改正 ……………………… 110
公正取引委員会 ……………… 182, 203
厚生年金 ………………………… 80
厚生年金保険法 ………………… 80
こうのとりのゆりかご ………… 91
国際銀行間金融通信協会 ………… 10
国際刑事裁判所　→　ICC
国際司法裁判所　→　ICJ
国際人道法 ………………………… 3
国際法 ………………… 1, 22, 200
国内法 …………………………… 201
国連総会 ……………… 5, 9, 16
国会
　――が作るルール ………… 21
　――のオンライン審議 ………… 35
子と母との一義的関係 ………… 104
コネクテッド・カー …………… 148
個別的自衛権 ……………………… 6
雇用保険 ………………………… 80
雇用保険法 ……………………… 80
子を引き受けない権利 ………… 98
コングロマリット化 …………… 111

さ　行

サービス貿易協定 ………………… 8
罪刑法定主義 …………………… 25
最高法規 ………………………… 26
最低賃金法（最賃法）……… 76, 79
再配分機能 ……………………… 113
裁判所が作るルール …………… 23
搾取的行為 ……………………… 181

サステナビリティ ……………… 109
サステナビリティ DD …………… 120
作動状態記録装置 ……………… 144
サロゲート型 …………………… 99
残余財産分配権者 ……………… 114
ジェノサイド条約 ……………… 14
時価総額 ………………………… 173
時価総額上位企業 ……………… 173
指揮監督 ………………………… 82
自国市場 ………………………… 205
自国所在需要者説 ……………… 205
指示統括説 ……………………… 210
市場画定 ………………………… 178
市場支配力 ……………………… 174
市場先行の利益 ………………… 130
市場と法の役割分担 …………… 128
私生子 …………………………… 93
実刑 ……………………………… 60
執行猶予 ………………………… 60
私的自治の原則 ………………… 77
自動運行装置 …………………… 147
　――に関する保安基準 ……… 147
自動運転 ……………… 137, 154
　――の刑事責任 ……… 150, 165
　――の民事責任 ……… 151, 158
自動車運転死傷行為処罰法 …… 141
　――5条 ……………………… 150
自動車損害賠償保障法 …… 142, 159
市民革命 ………………………… 77
仕向地ベースキャッシュフロー税
　……………………………… 196
社会法 …………………………… 74
社会保険（労災保険）………… 76

事項索引

社会保障法 …………………… 73
自由企業体制 ………………… 113
集団的自衛権 ……………… 3, 6, 7
集中購買 ……………………… 210
出生証書 ……………………… 95
出自を知る権利 ……………… 97
出席 …………………………… 36
需要者 ………………………… 206
受領収益説 …………………… 210
使用従属関係 ………………… 81
常任理事国 …………………… 4
少年 …………………………… 56
少年院送致処分 ……………… 65
少年鑑別所 …………………… 61
少年審判 ……………………… 61
少年法 ………………………… 55
　令和 3 年の――改正 ………… 66
条約 …………………………… 28
条例 …………………………… 23
所管 …………………………… 25
所得合算ルール（Income Inclusion
　Rule, IIR） ………………… 190
所得による残余利益配分 ……… 196
シルバーデモクラシー ………… 31
侵害原理 ……………………… 64
新型コロナウイルス感染症 …… 38
親権 …………………………… 56
人工知能 ……………………… 138
人工妊娠中絶 ………………… 95
新自由主義 …………………… 115
人身事故 ……………………… 142
新ブランダイス運動 …………… 183
侵略 …………………………… 2

スチュワードシップコード ……… 117
ステイクホルダー ……………… 109
政治分野における男女共同参画の
　推進に関する法律 …………… 38
生殖補助医療の提供等及びこれによ
　り出生した子の親子関係に関する民
　法の特例に関する法律 ……… 90
製造物責任 …………………… 162
製造物責任法 ………………… 142
生存権 ………………………… 78
成年 …………………………… 56
世界人権宣言 ………………… 118
責任あるサプライチェーン等における
　人権尊重のためのガイドライン
　……………………………… 119
選挙制度法定主義 ……………… 25
全件送致主義 ………………… 60
全国民 ………………………… 29
　――の代表 …………………… 29
租税競争（tax competition）…… 186
租税法定主義 ………………… 25

た　行

第三極 ………………………… 16
代表 …………………………… 30
代理投票制度 ………………… 39
代理人（agent）……………… 108
父の推定 ……………………… 101
知的財産権 …………………… 124
地方自治体 …………………… 23
通産省 ………………………… 124
底辺への競争（race to the bottom）
　……………………………… 187

219

適格国内ミニマム課税 …………… 190
デジタル市場 ……………………… 175
デジタル庁 ………………………… 49
デジタルトランスフォーメーション
　→　DX
デッド・コピー …………………… 123
デュー・ディリジェンス　→　DD
テレワーク ………………………… 83
凍結資産 …………………………… 11
当然発生主義 ……………………… 93
道路運送車両法 …………… 137, 141
道路交通法 ………………… 137, 141
独占禁止法（独禁法） ……… 182, 202
特定自動運行 ……………………… 145
特定自動運行業務従事者 ………… 146
特定自動運行実施者 ……………… 146
特定自動運行主任者 ……………… 146
特定受託事業者に係る取引の適正化等
　に関する法律 …………………… 86
特定少年 …………………………… 56
　──に対する特例 ……………… 69
匿名出産 …………………………… 94
特許庁 ……………………………… 135
トヨタ自動車 ……………………… 178

な　行

内密出産 …………………………… 91
ニカラグア事件 …………………… 7
日本国憲法 ………………………… 20
ニューディール期 ………………… 113

は　行

排除的行為 ………………………… 181

バイデン大統領 …………………… 183
パクス　→　PACS
柱 2（Pillar Two） ……………… 185
パターナリズム ………………… 64
パレンス・パトリエ ……………… 65
判断機関の役割分担 ……………… 128
反転可能性 ………………………… 212
反トラスト ………………………… 183
判例 ……………………………… 24
非行 ……………………………… 57
ビジネス・ラウンドテーブル …… 115
非嫡出子 …………………………… 92
ビッグテック ……………………… 170
プーチン大統領 ………………… 15
フェアトレード …………………… 120
副業 ……………………………… 88
不正競争防止法 …………………… 123
物損事故 …………………………… 141
物理的出席説 …………………… 47
不当な取引制限 …………………… 204
プライスリーダー ………………… 176
ブラウン管事件 …………………… 202
プラットフォームワーカー …… 86
プラットフォームワーク ………… 86
フリー・ライド …………………… 125
フリーランス …………………… 84
フリーランス法 …………………… 86
武力行使 …………………………… 7
〈分娩者＝母〉の原則 …………… 93
米国自動車技術者協会（Society of
　Automotive Engineers: SAE）
　………………………………… 139
平和のための結集決議 …………… 5

事項索引

法 ……………………………… 20
法域（jurisdiction）……………… 201
法学 ……………………………… 33
法的三段論法……………………… 213
法律 ……………………………… 21
保護原理 ………………………… 64
保護司 …………………………… 67
母子関係 ………………………… 90
母法 ……………………………… 91

ま 行

ミルトン・フリードマン………… 113
民事責任…………………………… 156
民法特例法 ……………………… 90
命令………………………………… 21
模倣………………………………… 124

ら 行

ライフスタイル ………………… 73
ラナプラザ事件…………………… 118
利害関係人………………………… 109
立法事実 ………………………… 46
リナ・カーン…………………… 183
ルール …………………………… 20

国会が作る—— ……………… 21
裁判所が作る—— …………… 23
——の制定主体に関する（メタ）
　ルール ……………………… 26
——の優劣 …………………… 26
冷戦期……………………………… 113
令和6年度税制改正大綱………… 193
レバレッジ（てこ）…………… 114
労災保険 ………………………… 80
労働安全衛生法 ………………… 79
労働基準法 ……………………… 79
労働協約 ………………………… 79
労働組合法 ……………………… 79
労働契約 ………………………… 75
労働契約法 ……………………… 79
労働者……………………………… 74, 81
労働者災害補償保険法（労災保険法）
　………………………………… 79
労働条件 ………………………… 78
労働法 …………………………… 73
ローカルなルール ……………… 22
ロシア…………………………………… 1
ロバート・オーウェン…………… 110

221

いま、法学を知りたい君へ　世界をひろげる 13 講

2024 年 9 月 10 日　初版第 1 刷発行

編　者　　東京大学法学部「現代と法」委員会
発行者　　江草貞治
発行所　　株式会社有斐閣
　　　　　〒101-0051 東京都千代田区神田神保町 2-17
　　　　　https://www.yuhikaku.co.jp/
装　丁　　堀由桂里
印　刷　　株式会社理想社
製　本　　大口製本印刷株式会社
装丁印刷　株式会社亨有堂印刷所

落丁・乱丁本はお取替えいたします。定価はカバーに表示してあります。
©2024，東京大学法学部「現代と法」委員会．
Printed in Japan ISBN 978-4-641-12646-6

本書のコピー，スキャン，デジタル化等の無断複製は著作権法上での例外を除き禁じられています。本書を代行業者等の第三者に依頼してスキャンやデジタル化することは，たとえ個人や家庭内の利用でも著作権法違反です。

JCOPY 本書の無断複写（コピー）は，著作権法上での例外を除き，禁じられています。複写される場合は，そのつど事前に，（一社）出版者著作権管理機構（電話03-5244-5088，ＦＡＸ03-5244-5089, e-mail:info@jcopy.or.jp）の許諾を得てください。